Toskana Kochbuch

Toskana
Kochbuch

Über 60 landestypische Rezepte

Sara Vignozzi und Gabriella Ganugi
Foodfotos von Marco Lanza

Kaleidoskop Buch

Aus dem Englischen übersetzt von Susanne Keller für GAIA Text, München
Satz und Produktion: GAIA Text, München
Einbandgestaltung: Studio für Illustration
und Fotografie Sascha Wuillemet, München

Text: Sara Vignozzi und Gabriella Ganugi
Fotos: Marco Lanza
Styling: Rosalba Gioffré
Design: Marco Nardi

Druck und Bindung: Tallers Gràfics Soler, Barcelona
Printed in Spain

ISBN 978-3-88472-867-3

Hinweis
Alle Informationen und Hinweise, die in diesem Buch enthalten
sind, wurden von der Autorin nach bestem Wissen erarbeitet und von
ihr und dem Verlag mit größtmöglicher Sorgfalt überprüft. Unter Berücksichtigung
des Produkthaftungsrechts müssen wir allerdings darauf hinweisen, dass
inhaltliche Fehler oder Auslassungen nicht völlig auszuschließen sind. Für
etwaige fehlerhafte Angaben können Autorin, Verlag und Verlagsmitarbeiter
keinerlei Verpflichtung und Haftung übernehmen.

Korrekturhinweise sind jederzeit willkommen
und werden gerne berücksichtigt.

Inhalt

Einleitung

Die Anfänge der toskanischen Küche reichen fast 3000 Jahre zurück. Damals war das Gebiet der heutigen Toskana von den Etruskern besiedelt, in deren Gräbern man noch heute Fresken sehen kann, die unter anderem *pappardelle* (Nudeln), Rädchen zum Schneiden von Pasta, Siebe, Käsereiben, gegrillte Steaks und sogar *Schiacciata con l'uva* (Süßes Fladenbrot mit dunklen Trauben, s. Rezept S. 104) zeigen. Andere Fresken stellen Etrusker beim Speisen dar, die sich elegant zurücklehnen, Teller und Weingläser in der Hand halten und von graziösen jungen Männern und Frauen bedient werden, während in der Nähe musiziert wird.

Die etruskische Zivilisation ging unter, weil sich die Römische Republik immer weiter ausdehnte und im 3. Jahrhundert v. Chr. Etrurien in ihr Imperium „einverleibte". Ein Beweis römischer Kochkunst ist als Kochbuch mit 500 Rezepten erhalten, die Marcus Gavius Apicius etwa 30 v. Chr. aufgeschrieben oder gesammelt hat. Keines dieser Gerichte hat überlebt, hauptsächlich, weil man damals sehr viele Gewürze verwendete (mindestens 10 pro Rezept) und großzügigen Gebrauch von einer stark vorschmeckenden Fischsauce machte, die über alles gegossen wurde, so wie manche Leute heute Ketchup gebrauchen.

Im 5. Jahrhundert wurde die römische Welt von germanischen Eindringlingen zerstört. Auch Florenz und andere Dörfer und Städte der Toskana blieben von Überfällen und Plünderung nicht verschont: Die Einwohnerzahlen sanken, die Menschen verließen die Städte und gingen zurück auf das Land. Viele der für die Toskana ganz typischen Gerichte stammen aus dieser Zeit. Die hungrigen Bauern aßen Brot ohne Salz, da dies ein wertvolles Importgut war, das sich nur die Reichen leisten konnten. Toskanisches Brot ist bis heute *sciarpo* (salzlos). Die Diener in den großen Hallen der Feudalherren verstanden es bald, aus den nach Fleisch und Öl schmeckenden Brotbrocken, die ihre Herrschaft übrig gelassen

Das Gründungsdatum für die Stadt Florenz wird traditionell mit 59 v. Chr. angegeben: Damals schufen die Römer am Nordufer des Arno an einer leicht überquerbaren Stelle eine Kolonie. Die Römer in der Toskana waren – wie ihre Gegenspieler andernorts – bekannt für ihre Gelage, zu denen seltene und kostbare Delikatessen gereicht wurden, eher mit dem Ziel, die Gäste zu beeindrucken als ihrem Gaumen zu schmeicheln. Auf der Speisekarte standen absurd anmutende Gerichte, wie Papageien- und Flamingozungen und Pfauenhirn. Die Alltagsküche war bodenständiger, sie basierte auf Getreide, Fisch, Gemüse und Käse.

Der Reichtum von Siena im Zentrum der Toskana beruhte auf dem Handel mit Stoffen und selbst erzeugtem Safran, Wein, Wachs und Gewürzen aller Art. So wie Florenz war Siena eine Republik, die eher von mächtigen Zünften als von Feudalherren regiert wurde. Eines der bekanntesten spätmittelalterlichen Fresken wurde 1337–1339 von Lorenzo Ambrogetti in Siena geschaffen. Es heißt „Die Folgen von guter und schlechter Regierung". Der Ausschnitt oben zeigt die „Gute Regierung auf dem Lande" mit Bauern, die fleißig pflügen, ernten, fischen und jagen.

hatte, nahrhafte Suppen und Röstbrot zuzubereiten. *Ribollita* (s. Rezept S. 31) und *Crostini toscani* (s. Rezept S. 15) gelten als die modernen Versionen dieser frühen mittelalterlichen Gerichte.

Diese schwierige Epoche ging jedoch vorüber, und im 12. Jahrhundert war die Bevölkerung wieder angewachsen, Städte und Handel erblühten, überall entwickelten sich Geschäfte aller Art. Die größeren Städte der Toskana wurden zu unabhängigen Stadtstaaten, sie führten Kriege um die Vorherrschaft und die Kontrolle über begehrte Handelswege. Als die Menschen reicher wurden, richtete man in den Häusern größere Küchen ein, und die Kochkunst verfeinerte sich. In Florenz wurde im 14. Jahrhundert der Gebrauch der Gabel eingeführt, während man in anderen Teilen Italiens und Europas noch lange darauf warten musste. Das Kochbuch eines unbekannten Toskaners aus dem 14. Jahrhundert enthält 57 Rezepte, und viele davon sind uns heute durchaus noch vertraut. Zu den

Speisen zählen *ravioli, tortelli, maccheroni*, Kräuteraufläufe und Marzipan. Im 15. Jahrhundert erlangte die Familie der Medici in Florenz eine herausragende Position, schrittweise übernahm sie die Herrschaft über die Stadt und dann über die ganze Toskana. Lorenzo Magnifico herrschte über einen prachtvollen Hof, an dem Essen und Trinken als Teil des neuen Lebensstils der Renaissance betrachtet wurden (s. S. 76/77). Wenn auch die letzten Herrscher der Medici im 17. und 18. Jahrhundert meist nüchterne religiöse Fanatiker waren, feierten die Städte der Toskana doch weiterhin die traditionellen, weltlichen Feste, wie den *Palio* (ein Pferderennen durch die Straßen der Stadt, das noch immer zweimal jeden Sommer in Siena stattfindet), den Wettbewerb im Schwingen und Werfen der Fahnen, Bogenschießen, Turnierkampf und Fußball. Zu den religiösen Festen gehörten Weihnachten, *Carnevale*, Ostern, die Geburt der Jungfrau Maria und Mariä Verkündigung. Die meisten dieser traditionellen Feste werden immer noch gefeiert, und heute wie damals ist jede dieser Festlichkeiten durch bestimmte Speisen und das Wissen um deren ganz spezielle Zubereitung gekennzeichnet (s. S. 90/91). Als der letzte der Medici 1737 starb, kam die Toskana unter die Gewalt der österreichischen Großherzöge von Lothringen und von 1799 bis 1814, als Napoleon die Österreicher besiegte, unter französische Herrschaft. Unter Napoleon wurde die regionale Küche weitgehend verdrängt. Dies war auch die Zeit, in der viele französische Wörter wie etwa „menu", „restaurant", „café", „soirée" oder „dessert" übernommen wurden.

Die Fremdherrschaft über die Toskana endete 1859, und 1860 wurde die Region Teil des nun vereinten Königreiches Italien. Florenz war von 1861 bis 1875 italienische Hauptstadt. Die Umgestaltung für diese neue, ehrgeizige Rolle fügte der Stadt erheblichen Schaden zu. Der Alte Markt im Stadtzentrum wurde zerstört, und viele der traditionellen Trattorien und einfachen Speisehäuser mit ihrer jahrhundertealten Tradition verschwanden einfach. Die Kochkunst dieser Zeit war prätentiös und überraffiniert und verlor so die Würde ihres regionalen Erbes. Inzwischen wird die toskanische Küche jedoch längst wieder von ihren ländlich-bäuerlichen Traditionen bestimmt. Man setzt auf die Verwendung der

Die Toskana erlebte ihren größten Ruhm in der Zeit der Renaissance, die hier praktisch ihren Ausgang nahm. Dieser Ausschnitt aus einem Fresko von Sodoma stammt aus der Abtei von Monte Oliveto Maggiore in der Provinz Siena.

Märkte mit Frischwaren und anderen Erzeugnissen sowie saisonale Veranstaltungen kann man täglich überall in der Toskana besuchen.

besten und frischesten Zutaten aus der Region, die sorgsam zubereitet werden, und im Idealfall so natürlich wie möglich auf den Tisch kommen sollten. Einfache Gerichte werden auf unkomplizierte Weise gekocht und erhalten ihren besonderen Geschmack durch die Zugabe von Kräutern, die wie Basilikum, Rosmarin, Thymian, Petersilie und Salbei für die Gegend typisch sind. Fleisch und Fisch werden traditionell mit viel Öl und Kräutern gegrillt oder gebraten oder aber langsam in Öl oder einer Gemüsesauce gegart, bis das Fleisch zart und schmackhaft ist. In dem ausgezeichneten Öl der Region werden Fleisch, Fisch und Gemüse auch frittiert.

Pastagerichte sind in der Toskana weniger verbreitet als in anderen Teilen Italiens. Für die Vorspeisen wird oft Brot verwendet, wie für *Pappa al pomodoro* (s. Rezept S. 32), *Panzanella* (s. Rezept S. 20) und *Ribollita* (s. Rezept S. 31), oder Brühe mit Bohnen oder Kichererbsen und ein wenig Pasta (*Pasta con ceci* – s. Rezept S. 34). *Bistecca alla fiorentina* (s. Rezept S. 78) ist wohl das bekannteste toskanische Hauptgericht. Für Liebhaber roten Fleisches gibt es nichts Besseres. Häufig verwendete Fleischsorten sind Rind, Kalb, Schwein und Lamm, es gibt aber auch viele Gerichte mit Ente, Kaninchen oder Wild. Frischen Fisch und Meeresfrüchte bekommt man an der Küste im Überfluss, und die lokale Tradition macht wiederum das Beste daraus. *Spaghetti allo scoglio* und *Cacciucco* (s. Rezepte S. 57 bzw. 65) sind für die Küstengegend typische Speisen. Weiter im Inland gibt es frische Forellen. Die aus Amerika zurück-kehrenden Eroberer brachten außer Tomaten, Kartoffeln, Kürbis und Mais auch Bohnen mit. All diese Produkte wurden von den toskanischen Köchen gern übernommen, und ganz besonders lagen ihnen stets die Bohnen am Herzen. *Cannellini, toscanelli* und viele andere Sorten stehen ständig auf den toskanischen Speisekarten.

In den einfachen Trattorien besteht die Nachspeise oft nur aus einer Frucht der Saison. Andere Desserts sind ebenfalls einfach und sie werden meist mit Honig, Nüssen, Gewürzen und anderen Produkten der Region zubereitet und häufig zu *Vin Santo* gereicht.

Die traditionellen toskanischen Käse-sorten aus Schafsmilch werden in kleinen, regionalen Betrieben und Höfen hergestellt. Sehr beliebt ist „Pecorino“, doch auch der köstliche frische „Ricotta“ wird sehr geschätzt.

Das qualitativ hochwertige Olivenöl der Toskana eignet sich ideal zum Braten.

In den toskanischen Wäldern wachsen herrliche Steinpilze sowie schwarze und weiße Trüffeln.

Maronen sind ebenfalls typische Früchte aus den Wäldern. Zur Weihnachtszeit sind die Straßenecken in Florenz fest in der Hand der Verkäufer von „caldarroste" („Heiße Maroni").

Heute bieten die Restaurants und Trattorien der Regionalhauptstadt **Florenz** eine breite Palette der toskanischen Küche an. Zu den typischen Gerichten der Stadt gehören *Trippa alla fiorentina* (s. Rezept S. 71), *Fegato alla salvia* (s. Rezept S. 75, *Fagioli all'uccelletto* (häufig mit italienischen Würstchen serviert – s. Rezept S. 68), *Cenci* (s. Rezept S. 112), *Zuccotto* (s. Rezept S. 101) und viele andere. Die beiden größten Märkte der Stadt – San Lorenzo im Zentrum beim Dom und Sant'Ambrogio bei Santa Croce – bieten täglich eine exzellente Auswahl an frischem Fisch, Fleisch, Käse, Obst und Gemüse.

Massa Carrara, die nördlichste Provinz der Toskana ist für den hervorragenden Fisch an der Küste sowie im Inland für die klassischen Speisen *tortelli, testaroli* (Vollkornfladenbrot, das mit *pesto* oder einem Gemisch aus Öl, Pecorino und Petersilie gereicht wird) und die köstliche *minestrone* bekannt.

Das in der Provinz **Lucca** erzeugte Olivenöl gehört zu den besten der Toskana. Mit tierischen Fetten zu kochen ist in Lucca praktisch undenkbar. Die Gegend ist auch für ihr Brot bekannt (vor allem die mittelalterliche Stadt Altopascio), und es gibt viele *zuppe* aus gekochtem Brot und Gemüse, die mit kalt gepresstem Olivenöl serviert werden. Der Badeort Viareggio ist für seinen Fischtopf berühmt, eine schärfere Variante als der in Livorno. In den bewaldeten Tälern des Landesinnern wachsen schwarze und weiße Trüffeln. Bäche und Flüsse sind voll von prächtigen Forellen.

In der Nähe liegt **Pisa** mit vielen typischen Fisch- und Wildgerichten. Zu den lokalen Spezialitäten gehören *Zuppa di ranocchi* (Frosch-Suppe) und *Stoccafisso in agrodolce* (süßsaurer Stockfisch). Die Provinz ist auch für ihr ausgezeichnetes Wild bekannt, dazu gehören Wildschwein, Ente, Fasan und Reh.

Im Süden entlang der Küste pflegt **Livorno** die traditionelle Fischküche und nutzt den täglich frischen Fang. Die berühmteste Speise der Provinz *Cacciucco*

(s. Rezept S. 65) stand kürzlich im Mittelpunkt einer erregten Auseinandersetzung, nachdem ein internationaler Konzern seine Pläne zur Vermarktung einer abgepackten, tiefgefrorenen Version bekannt gemacht hatte. Der Bürgermeister hat die Direktoren des internationalen Unternehmens zu einer Kostprobe nach Livorno eingeladen, damit sie den Unterschied selbst schmecken können. Die vor der Küste gelegene kleine Insel Elba hat ihre eigene Variante des *Cacciucco*, die *Sburrita* heißt. Dort gibt es auch viele andere Gerichte aus frischen Meerestieren, u. a. mit Hummer, Tintenfisch und Brassen.

Weiter im Inland in Richtung Florenz zeichnen sich die Provinzen **Pistoia** und **Prato** durch ihre Süßspeisen aus, etwa wie *necci, brigidini* (Waffeln mit Fenchelgeschmack) und *Castagnaccio* (s. Rezept S. 107). In Prato produziert man auch Salami und Mortadella sowie viel Obst für die Märkte in Florenz.

Die Provinz **Arezzo** im Südosten von Florenz besitzt eine außergewöhnliche Küche. Zu den Spezialitäten gehören *Papardelle sulle lepre* (s. Rezept S. 40), *Scottiglia* (s. Rezept S. 62), *Crostini all'aretina* (s. Rezept S. 23) und *Agnello arrosto* (Lammbraten).

Siena ist für Rauchfleisch, Pecorino und Olivenöl bekannt. Für viele Speisen macht man ausgiebig von Kräutern der Region, wie Minze, Estragon und Bergminze Gebrauch. Eine Pasta-Spezialität, genannt *Pici* (s. Rezept S. 45), sollte man unbedingt einmal kosten. Schinken aus Siena ist besonders schmackhaft.

Die südlichste Provinz **Grosseto** wird für ihren Fisch geschätzt und weiter im Landesinneren für ihr Wild. In der Maremma gibt es reichlich Wildschwein. Zu den regionalen Besonderheiten zählen *Acquacotta* (s. Rezept S. 48), *Polenta alla maremmana* und *Risotto di cariofi*. Die in der Provinz hergestellten Käsesorten Pecorino und Ricotta sind von ausgezeichneter Qualität.

Die auf einem Berg gelegene Stadt Montalcino inmitten der Toskana ist berühmt für ihre Weine: der beste – Brunello – wird zu den Spitzenrotweinen Italiens gezählt.

Fischfang ist an der gesamten toskanischen Küste von Bedeutung. Im Sommer schießen kleine Fisch-Restaurants an den Strandpromenaden wie Pilze aus dem Boden und servieren täglich frisch gefangenen Fisch.

Antipasti

Wer auf Tradition hält, wird sagen, die toskanische Küche kenne keine *antipasti* – wenn man einmal von Hühnerleber auf Toast und Aufschnitt aus geräuchertem Fleisch absieht. Eine Generation zuvor traf dies auch noch zu, doch nachdem inzwischen leichtere Speisen ihren Einzug gehalten haben, werden heute in der Toskana *antipasti* häufig anstelle eines Pasta-Gerichtes oder eines zweiten Ganges serviert. Und zu ganz besonderen Gelegenheiten kommen sogar mehrere *antipasti* auf den Tisch ... vor der Pasta!

Crostini toscani

Hühnerleber auf Röstbrot

Für 6–8 Personen
Vorbereitungszeit: 35 Minuten
Garzeit: 30 Minuten
Schwierigkeitsgrad: sehr einfach

Kalbsbries 2 Stunden wässern. Kurz blanchieren, von Sehnen und Haut befreien und in kleine Stücke schneiden. • Sehnen, Bindegewebe und verfärbte Stellen der Hühnerlebern entfernen und die Lebern klein schneiden. • Sardellenfilets und Kapern fein hacken. • 2 EL Butter in einer Pfanne bei mittlerer Hitze schmelzen, die Zwiebel hineingeben und unter ständigem Rühren glasig braten. • Hühnerlebern und Kalbsbries – falls verwendet – hinzugeben und unter häufigem Wenden 5 Minuten mitbraten. • Mit Salz und Pfeffer würzen und den Wein dazugießen. Unter gelegentlichem Rühren 15 Minuten schmoren lassen. Wird die Mischung zu trocken, Rinderbrühe nachgießen. • Beiseite stellen und abkühlen lassen. • Die Lebermischung auf ein Schneidebrett geben und fein hacken. • Das Öl bei mittlerer Temperatur in der Pfanne erhitzen. Lebermischung, Sardellen und Kapern hineingeben. Alles gründlich vermischen, die restliche Butter hinzufügen. Weitere 3–4 Minuten braten. • Die gerösteten Brotscheiben mit der schmackhaften und reichhaltigen Lebermischung bestreichen und bis zum Servieren im Backofen warmhalten.

200 g Kalbsbries (wahlweise, siehe Anmerkung unten)
250 g Hühnerleber
4 Sardellenfilets
50 g Kapern
3 EL Butter
1 Zwiebel, fein gehackt
Salz
Frisch gemahlener schwarzer Pfeffer
125 ml trockener Weißwein
125 ml Rinderbrühe (selbst zubereitet oder von Brühwürfeln)
60 ml natives Olivenöl extra
1 längliches Weißbrot mit fester Krume (Durchmesser etwa 8 cm), in 1 cm dicke Scheiben geschnitten und im Backofen geröstet

Empfohlener Wein: ein junger fruchtiger Rotwein (Chianti Montalbano)

Das Gericht wird traditionell mit Kalbsbries zubereitet. Sie können das Bries jedoch auch durch zusätzliche 250 g Hühnerleber ersetzen.

Fettunta
Röstbrot mit Knoblauch und Öl

Für 4 Personen
Vorbereitungszeit: 10 Minuten
Garzeit: 5 Minuten
Schwierigkeitsgrad: sehr einfach

8 Scheiben Weißbrot mit fester Krume,
1 cm dick
2 große Knoblauchzehen
Frisch gemahlener schwarzer Pfeffer
Salz
50 ml bestes Olivenöl extra

Empfohlener Wein: ein junger perlender
Rotwein (Vino Novello)

In der Toskana verwendet man für diesen einfachen, aber sehr delikaten Imbiss das frisch gepresste Öl der Saison. Das Brot schmeckt am besten, wenn man es über einem Holzfeuer röstet. Man kann die Weißbrotscheiben aber auch im vorgeheizten Backofen bei 200 °C (Umluft 180 °C) toasten, bis sie schön knusprig sind. Der Toaster ist dafür leider ungeeignet, denn das Brot soll beim Rösten richtig trocken werden. ● Die einzelnen Scheiben von beiden Seiten mit Knoblauch einreiben. ● Auf einer Servierplatte anrichten, mit Salz und Pfeffer würzen und mit dem Öl bestreichen.

Für *Bruschetta* die Scheiben jeweils mit 2 EL entkernten, gewürfelten, reifen Tomaten belegen und mit zerpflückten, frischen Basilikumblättern garnieren. Andere traditionelle Beläge sind etwa die blanchierten und gehackten äußeren Blätter eines Weißkohlkopfs und frisch zubereitete Cannellini-Bohnen.

Für Fettunta sollten Sie traditionell gebackenes Weißbrot mit fester, elfenbeinfarbener Krume, etwa Toskana-Brot oder französisches *pain de campagne*, ein oder zwei Tage im Voraus kaufen. In Dampf gebackenes Brot aus Großbäckereien eignet sich nicht.

Insalata di campo

Bauernsalat

Die Salatblätter gründlich unter fließendem kaltem Wasser waschen, abtropfen lassen und mit einem sauberen Küchentuch vorsichtig trockentupfen. • Die ganzen oder grob zerteilten Salatblätter in eine große Schüssel geben. Mit Salz und Pfeffer bestreuen, erst mit Essig, dann mit Öl beträufeln. • Den Bauernsalat mischen und mit viel frischem, herzhaftem Brot servieren.

Für 6 Personen
Vorbereitungszeit: 25 Minuten
Garzeit: keine
Schwierigkeitsgrad: einfach

Gemischtes Salatgemüse (ungeputzt insgesamt 1,2 kg), Endivie, Chicorée und Radicchio, rote, zartgelbe, grün-weiße Sorten,
200 g junge, zarte äußere Blätter eines Weißkohlkopfs (nach Belieben)
Salz
Frisch gemahlener schwarzer Pfeffer
Rotweinessig
Natives Olivenöl extra

Für das ursprüngliche toskanische Rezept wird die Wilde Chicorée, die man mit der Wurzel erntet, verwendet, denn die leicht bitteren Wurzeln gelten als das Beste. Mit einem kleinen, scharfen Messer wird nur die äußerste Schicht der Wurzeln abgeschabt. Verwenden Sie, wenn möglich, mehrere Sorten Radicchio, Endivie und Chicorée, z. B. weißen bis zartgelben Chicorée sowie glatte Endivie und die grün-weiße krause Endivie, auch als Frisée bekannt.

Affettati misti
Toskanische Aufschnittplatte

Den Aufschnitt auf einer Servierplatte oder einem Teller anrichten. ● Das Brot in einen Brotkorb legen und zu dem Aufschnitt, den Oliven und dem Gemüse reichen.

Da toskanische Spezialitäten bei uns sehr beliebt sind, kann man die benötigten Wurstsorten meist in italienischen Feinkostläden, Spezialabteilungen großer Supermärkte oder gut sortierten Lebensmittelgeschäften kaufen. Wenn Sie sie einmal nicht bekommen sollten, können Sie ähnliche italienische Wurstsorten verwenden.

Für 4 Personen
Vorbereitungszeit: 5 Minuten
Garzeit: keine
Schwierigkeitsgrad: sehr einfach

150 g toskanischer Schinken, frisch aufgeschnitten
125 g toskanische Salami
125 g Finocchiona, in dicke Scheiben geschnitten
6 kleine Würste aus Wildschweinfleisch
500 g festes Weißbrot, in Scheiben geschnitten
Grüne oder schwarze Oliven
Eingelegtes Gemüse (nach Belieben)

Empfohlener Wein: ein trockener Rotwein (Chianti Classico)

Finocchiona ist eine große, weiche, mit Fenchelsamen gewürzte Salami. Die beste und frischeste Sorte heißt *Sbricciolana* (sbrocciolare, ital. „krümeln"), denn sie fällt beim Aufschneiden leicht auseinander.

Fleisch und Wurstwaren

In den verschiedenen Provinzen der Toskana wird eine Vielzahl von geräucherten Fleisch- und Wurstspezialitäten produziert. Zwar variieren von Region zu Region die Bezeichnungen, doch werden die verschiedenen Spezialitäten meist auf die gleiche Weise hergestellt. *Buristo* aus Siena heißt in Lucca *Mallegato* und in Pistoia *Biroldo*. *Buristo* ist eine Mischung aus Schweineschwarte, Blut und Gewürz, die in Wurstdärme gefüllt wird. In Lucca mischt man eine Hand voll kleine süße Rosinen und Pinienkerne unter die Wurstmasse, ehe man sie abfüllt und räuchert.

Finocchiona ist eine besondere Salamispezialität der Toskana aus magerem und fettem Schweinefleisch, das mit Fenchelsamen vermischt wird (Fenchel heißt auf Italienisch *finocchio*). Die Florentiner Version – *Sbricciolona* – ist sehr frisch, weich und krümelig. Da sie sich kaum dünn aufschneiden lässt, serviert man sie gewöhnlich in dicken Scheiben. Sie wird häufig mit in Öl eingelegten Artischocken als Vorspeise gereicht.

Ein Fleischergeschäft in Florenz mit seiner Auslage geräucherter Fleisch- und Wurstwaren. Die „salamini piccanti" (pikante kleine Salamis) im Vordergrund werden vor dem Räuchern mit scharfen Chilischoten gewürzt.

Toskanischer geräucherter Rohschinken („prosciutto crudo") wird, vor allem in Siena, mit viel Salz und Pfeffer, oft auch mit Knoblauch und Wacholderbeeren gepökelt. So erhält man einen intensiveren Geschmack als bei den Schinken aus Parma oder San Daniele. In der Regel wird toskanischer Schinken eher von Hand in dicke Scheiben als mit der Maschine dünn aufgeschnitten. Zu dem salzlosen toskanischen Brot und einem Glas guten roten Chianti serviert, würde wohl kein Einheimischer diese Spezialität gegen die berühmteren Schinken aus dem Norden eintauschen.

Die Maremma, ein wildromantisches trockengelegtes Sumpfgebiet im Süden der Toskana, ist die Heimat vieler Wildarten, darunter Wildschweine und Rotwild. Aus Wildschweinfleisch werden viele äußerst schmackhafte Rauchfleisch- und Wurstspezialitäten hergestellt, wie geräucherter Rohschinken und kleine magere Würstchen, die sich wie kleine Salamis aufschneiden lassen.

In Einklang mit der bäuerlichen Tradition, die so viele toskanische Spezialitäten hervorgebracht hat, wird von einem geschlachteten Tier alles verwendet und nichts weggeworfen. „Soppressata" oder „Soprassata" (die Bezeichnung kommt aus dem Spanischen und bedeutet „sal presar" – mit Salz bestreuen) stellt man aus verschiedenen Teilstücken vom Schwein her, einschließlich Schwarte und Backen. Die zerkleinerten Stücke werden mit einer Mischung aus Chilipulver, Gewürznelken, Koriander und Zimt kräftig gewürzt. Diese Masse wird auf ein Leinentuch gegeben, fest umwickelt, eingenäht und dann bei schwacher Hitze gegart.

„Bistecca alla fiorentina" (Filetsteak Florentiner Art – s. Rezept S. 78), das zweifellos berühmteste toskanische Fleischgericht, stammt vom Chianina-Rind, einer Rasse, die im Val di Chiana nahe Arezzo gezüchtet wird. Das Steak wird mit dem Knochen aus dem Rinderfilet geschnitten. „Bistecca alla fiorentina" darf niemals durchgebraten sein, es muß immer blutig sein. Dazu reicht man traditionell gegarte weiße Cannellini-Bohnen. Arista (gebratenes Schweinefilet) ist eine weitere toskanische Spezialität. Der Name kommt aus dem Griechischen und bedeutet „das Beste".
Das Filetkotelettstück mit Knochen wird mit Knoblauch und Rosmarin gespickt und langsam im Ofen gebraten.

Crostini con i funghi
Pilze auf Röstbrot

Für 4 Personen
Vorbereitungszeit: 20 Minuten
Garzeit: 25 Minuten
Schwierigkeitsgrad: einfach

600 g frische Steinpilze
1–1¹/₂ EL Butter
60 ml natives Olivenöl extra
¹/₂ milde weiße oder rote Zwiebel, fein
gehackt
2 Knoblauchzehen, fein gehackt
1 EL fein gehackte, frische Minze
(ersatzweise Petersilie oder Thymian)
Salz
Frisch gemahlener schwarzer Pfeffer
125 ml Gemüsebrühe (selbst zubereitet
oder von Brühwürfeln)
1 langes Weißbrot mit fester Krume
(Durchmesser etwa 8 cm), in 1 cm
dicke Scheiben geschnitten, im
Backofen geröstet

Empfohlener Wein: ein trockener
Weißwein (Capezzana Bianco)

Die Pilze von Steinchen oder Schmutz befreien, kurz unter fließendem kaltem Wasser abspülen und mit Küchenpapier trockentupfen. • Die Stiele von den Hüten lösen und nur die festen, einwandfreien Stiele in Würfel schneiden. Die Hüte grob hacken. • Butter und Öl bei mittlerer Temperatur in einer Pfanne heiß werden lassen. Zwiebel, Knoblauch und Minze 3 Minuten darin braten. • Die Pilze dazugeben, mit Salz und Pfeffer würzen und 5 Minuten unter ständigem Rühren mitbraten. • Soviel Gemüsebrühe dazugießen, dass die Pilzmischung zwar saftig, aber nicht zu wässrig wird. Weitere 8–10 Minuten garen. • Die gerösteten Weißbrotscheiben großzügig mit der Pilzmischung belegen und servieren.

Variante: Erkaltete Polenta in Quadrate schneiden und mit der Pilzmischung belegen. Vor dem Servieren 10 Minuten im vorgeheizten Ofen bei 200 °C backen.

Frische Steinpilze sind die beliebtesten Wildpilze in der Toskana. Oft sind sie jedoch teuer und/oder werden gar nicht angeboten. Bekommen Sie keine Steinpilze, versuchen Sie einfach andere Wildpilze, wie Shiitake, Pfifferlinge, Morcheln oder Austernpilze (oder eine Mischung verschiedener Pilzarten).

Crostini all'aretina

Röstbrot mit pikantem Wurstbelag

Die Wurstmasse aus den Wursthüllen in eine Rührschüssel drücken. • Käse und Pfeffer dazugeben und alles mit der Gabel vermischen. • Die gerösteten Weißbrotscheiben großzügig mit dem Wurst-Käse-Gemisch bestreichen und in eine große, flache hitzebeständige Form setzen. • Im vorgeheizten Backofen 5 Minuten bei 200 °C (Umluft 180 °C) backen, bis der Käse geschmolzen ist und Blasen wirft. • Direkt aus dem Ofen heiß servieren.

Für 6 Personen
Vorbereitungszeit: 10 Minuten
Garzeit: 5 Minuten
Schwierigkeitsgrad: einfach

225 g kräftig gewürzte, frische italienische Würstchen
225 g frischer Stracchino-Crescenza oder halbfester Stracchino (Quartirolo), grob gerieben
Frisch gemahlener schwarzer Pfeffer
1 langes Weißbrot mit fester Krume (Durchmesser etwa 8 cm), in 1 cm dicke Scheiben geschnitten und im Backofen geröstet

Empfohlener Wein: ein junger trockener Rotwein
(Chianti Colli Aretini)

Pinzimonio

Bunte Gemüseplatte mit Olivenöl-Dip

Für dieses Rezept eignen sich nur ganz frische, zarte Artischocken. Bei der Vorbereitung die Schnittflächen der Artischocken mit den Zitronenspalten einreiben, damit sie sich nicht verfärben. Den Zitronensaft in eine bereitgestellte Schale mit kaltem Wasser gießen. Die Blattspitzen der Artischocken abschneiden, die Stiele an den Artischockenböden belassen. Vom oberen Teil der Blütenköpfe jeweils ein etwa 2 cm breites Stück abschneiden. Die Blätter teilen und das stachelig-faserige „Heu" im Innern vorsichtig mit einem Löffel herauskratzen, ohne die fleischigen, schalenförmigen Böden zu beschädigen. Mit einem kleinen, scharfen Messer die äußere Schicht der Stiele abschaben. Die vorbereiteten Artischocken in das bereitgestellte Wasser legen und 15 Minuten stehen lassen. • Ganz junge und zarte Möhren sauber bürsten und mit etwas Grün im Ganzen verwenden. Größere Möhren schälen und längs vierteln. • Die Fenchelknollen vom Grün und den äußeren Blättern befreien, der Länge nach vierteln und gründlich waschen. • Die Selleriestangen waschen, abtropfen lassen und halbieren. • Die Radieschen von den Wurzeln befreien, waschen und mit frischen, unbeschädigten Blättchen verwenden. • Die Wurzeln der Frühlingszwiebeln abschneiden, nur wenig Grün belassen. Wenn sie nicht sehr frisch und fest ist, die äußerste Haut der Zwiebeln entfernen. Die Frühlingszwiebeln sollten nicht mit dem anderen Gemüse in Berührung kommen, da sie dessen Geschmack beeinträchtigen. • Die Artischocken gut abtropfen lassen und mit Küchenpapier trockentupfen. • Das Gemüse auf einer großen Servierplatte anrichten. • Die Gemüseplatte in die Mitte des Tisches setzen und für jeden Gast einen Teller und eine kleine Schale bereitstellen. Öl, Essig, frisch gepressten Zitronensaft, Salz und Pfeffer auf den Tisch stellen, so dass sich jeder sein eigenes Dressing bereiten kann, in das er das Gemüse eintaucht. • Mit viel frischem Brot servieren.

Für 6 Personen
Vorbereitungszeit: 20 Minuten
Garzeit: keine
Schwierigkeitsgrad: einfach

4–6 ganz junge, frische Artischocken
1–2 große Zitronenspalten
Frisch gepresster Saft von 1 Zitrone
12 ganz frische, kleine Möhren, möglichst mit dem Grün
2 kleine, zarte Fenchelknollen
6 Stangen Bleichsellerie
12 Radieschen
6 Frühlingszwiebeln (ersatzweise 6 große Lauchzwiebeln)
100 ml natives Olivenöl extra
Weinessig
100 ml Zitronensaft, frisch gepresst
Salz
Frisch gemahlener schwarzer Pfeffer

Empfohlener Wein: ein trockener perlender Weißwein (Spumante di Vernaccia di San Gimignano)

Salame e fichi freschi

Salami mit frischen Feigen

Für 4–6 Personen
Vorbereitungszeit: 5 Minuten
Garzeit: keine
Schwierigkeitsgrad: sehr einfach

400 g frische grüne oder schwarze
Feigen
300 g toskanische Salami, in dünne
Scheiben geschnitten
6 frische Feigenblätter (nach Belieben)

Empfohlener Wein: ein trockener Rosé
(Bolgheri)

Die Feigen unter fließendem kaltem Wasser gründlich waschen und mit Küchenpapier trockentupfen. • Die Salami von der Wursthülle befreien. • Die Feigenblätter – falls verwendet – auf einer großen Servierplatte verteilen und die geviertelten Feigen und die Salami darauf anrichten.

Die ersten Feigen werden auf den Märkten in Florenz im Juni angeboten. Im August, wenn die eigene Ernte der Region reif wird, kommt dieses Gericht mit den herrlichen Früchten zu Hause und in den Restaurants sehr häufig auf den Tisch. Die Verbindung von salziger Salami mit süßem Fruchtfleisch ist ein perfekter, erfrischender Auftakt zu einer Mahlzeit nach einem langen, heißen Sommertag.

Cecina

Fladenbrot aus Kichererbsen

Für 6 Personen
Dauer der Zubereitung: 5 Minuten
Garzeit: 10 Minuten
Schwierigkeitsgrad: einfach

600 g Kichererbsenmehl
2 l Wasser
180 ml natives Olivenöl extra
Salz
Frisch gemahlener schwarzer Pfeffer

Empfohlener Wein: ein trockener Rosé (Carmignano)

Das Kichererbsenmehl in eine große Rührschüssel geben und mit einem Holzlöffel oder Schneebesen nach und nach so viel Wasser unterrühren, dass ein dicker, glatter Teig entsteht. • Das Öl und eine kräftige Prise Salz unter den Teig arbeiten, bis er geschmeidig ist. • Den Teig höchstens ½ cm hoch in eine große Pfanne mit Metallstiel oder eine andere hitzebeständige Form füllen. • In einem vorgeheizten Backofen 10 Minuten bei 200 °C (Umluft 180 °C) backen. An der Oberfläche sollte sich eine dünne Kruste bilden. • Die gebackene *Cecina* vorsichtig auf einen vorgewärmten Servierteller gleiten lassen, mit frisch gemahlenem Pfeffer bestreuen und sofort servieren.

Cecina ist nur eine der vielen regionalen Brotspezialitäten in Italien. Sie lässt sich einfach und leicht zubereiten und heiß serviert passt sie hervorragend zu einer Aufschnittplatte mit geräucherten Wurstwaren.

Primi piatti

Vorspeisen sind in der Toskana eng mit der bäuerlichen Küche verbunden, aus der sie entstanden sind: Brot war verhältnismäßig billig und somit die Grundlage vieler Mahlzeiten. Noch heute gehören mit Brot zubereitete *primi piatti* zu den typischen Gerichten der Toskana. Häufig aß man Suppen sowie selbstgemachte Pasta, zu der man Saucen mit dem für die Region typischen Wildfleisch reichte. Im Laden gekaufte Pasta, wie Spaghetti und Penne, waren in der Toskana nicht so gebräuchlich wie weiter südlich, auch wenn sie heute oft serviert werden.

Panzanella

Toskanischer Brotsalat

Das Brot in dicke Scheiben schneiden und je nach Festigkeit der Krume 3–10 Minuten in Wasser einweichen bis es weich ist, ohne zu zerfallen. • In ein Sieb geben und abtropfen lassen. Die einzelnen Scheiben gut auspressen, damit sie nicht zu feucht sind. Es sollten große, feuchte Teigbrocken sein. • Die Salatblätter waschen, trockenschwenken und in schmale Streifen schneiden. • Das Brot in eine große Salatschüssel geben. Die Tomaten, Gurke, Zwiebeln, Salatblätter und Basilikum hinzufügen und alles vorsichtig vermischen. • Mit Öl und Essig beträufeln, mit Salz und Pfeffer würzen. • Vor dem Servieren mindestens zwei Stunden im Kühlschrank ziehen lassen. • Den Brotsalat kalt reichen.

Für 4–6 Personen
Vorbereitungszeit: 15–20 Minuten +
2 Stunden im Kühlschrank
Garzeit: keine
Schwierigkeitsgrad: einfach

600 g Weißbrot mit fester Krume,
etwa 2 Tage alt
8 Blätter Römischer Salat
6 noch nicht ganz reife Tomaten,
enthäutet, vom Stielansatz befreit und
in Viertel oder Achtel geschnitten
1 große Gurke, geschält und in Würfel
geschnitten
2 milde rote Zwiebeln, in sehr dünne
Scheiben geschnitten
10 Blätter frisches Basilikum,
zerpflückt
100 ml natives Olivenöl extra
Italienischer Rotweinessig
Salz
Frisch gemahlener schwarzer Pfeffer

Empfohlener Wein: ein junger trockener
Rotwein (Chianti)

Je nach Region variieren die Zutaten für diese toskanische Spezialität. In der Gegend von Siena, zum Beispiel, gibt man an *Panzanella* keine Gurke, in Florenz dagegen ist sie eine unverzichtbare Zutat. Außerdem kann man gewürfelte Möhren, Gemüsefenchel, Sellerie, hart gekochte Eier, Kapern oder Schafskäse hinzufügen.

Ribollita

Suppe aus Gemüse und Brot

Die Kirschtomaten mit den Bohnen, Knoblauchzehen und Salbeiblättern in einen großen Topf mit schwerem Boden geben und mit kaltem Wasser bedecken. Werden frische Bohnen verwendet, mit Salz abschmecken. • Langsam zum Kochen bringen und zugedeckt 25 Minuten köcheln lassen. Getrocknete Bohnen 1 Stunde garen und erst gegen Ende salzen. • Knoblauch und Salbei aus dem Topf nehmen und die Hälfte der Bohnen in einer Küchenmaschine oder mit dem Pürierstab pürieren. • Das Olivenöl in einem großen Topf mit schwerem Boden bei mittlerer Temperatur erhitzen. Petersilie, Thymian, Zwiebel, Lauch, Möhren, Mangold, Wirsing, Tomaten und eventuell verwendete andere Gemüsesorten hineingeben und unter ständigem Rühren einige Minuten anbraten. • Pürierte und ganze Bohnen sowie 650 ml der Brühe und Salz nach Geschmack hinzufügen. Zugedeckt etwa 1½ Stunden köcheln lassen. Brühe nachgießen, wenn die Suppe zu dick wird. • Einen Topf mit schwerem Boden erhitzen und 1–2 Schöpflöffel Suppe sowie eine Scheibe Brot hineingeben. Den Topf abwechselnd mit Suppe und Brot füllen, bis alles aufgebraucht ist. Mit Öl beträufeln und mit Pfeffer würzen. Die Suppe 2–3 Stunden durchziehen lassen. • Auf den Herd stellen, langsam zum Kochen bringen und 20 Minuten bei schwacher Hitze köcheln lassen, ohne umzurühren. Als Alternative die Suppe 10 Minuten im Backofen bei 210 °C (Umluft 180 °C) aufwärmen. • Ribollita schmeckt immer und zu jeder Tageszeit, ganz gleich, ob heiß, warm oder kalt serviert. Traditionell wird sie in kleinen Tonschalen mit Griffen an der Seite gereicht: Zuerst etwas Olivenöl in die einzelnen Schalen träufeln, dann einen Schöpflöffel Suppe darüber geben.

Für 6–8 Personen
Vorbereitungszeit: 45 Minuten +
12 Stunden Einweichzeit für getrocknete
Bohnen; 2–3 Stunden zum Durchziehen
Garzeit: 2–3 Stunden
Schwierigkeitsgrad: relativ einfach

3 Kirschtomaten
500 g frische weiße oder 280 g getrocknete Cannellini-Bohnen
2 Knoblauchzehen
6 frische Salbeiblätter
Salz und frisch gemahlener schwarzer Pfeffer
100 ml natives Olivenöl extra, zusätzlich Öl zum Aufwärmen
1½ EL fein gehackte Petersilie
1 kleiner Zweig frischer Thymian
1 Zwiebel, in Scheiben geschnitten
1 Lauchstange, in Scheiben geschnitten
2 mittelgroße Möhren, gewürfelt
250 g Mangold, grob gehackt
½ kleiner Wirsingkopf, grob gehackt
250 g italienische Tomaten
300 g weißes oder dunkles Brot mit fester Krume, in 1 cm dicke Scheiben geschnitten
Gemüse der Saison, etwa neue Kartoffeln, grüne Bohnen, Zucchini, Erbsen oder worauf Sie gerade Lust haben
1 l Rinderbrühe

Empfohlener Wein: ein junger trockener Rotwein (Chianti dei Colli Fiorentini)

Pappa al pomodoro
Tomaten-Brot-Suppe

Für 4 Personen
Vorbereitungszeit: 15 Minuten
Garzeit: 25 Minuten
Schwierigkeitsgrad: einfach

600 g feste, reife Tomaten
75 ml natives Olivenöl extra, zusätzlich
Olivenöl zum Servieren
3 Knoblauchzehen, zerdrückt
8–10 Basilikumblätter, zerpflückt
250 g weißes oder dunkles Brot mit
fester Krume, 2 Tage alt, in 3 cm dicke
Scheiben, dann in Würfel geschnitten
Salz
Frisch gemahlener schwarzer Pfeffer
300 ml Wasser oder Gemüsebrühe
(selbst zubereitet oder aus
Brühwürfeln)

Empfohlener Wein: ein junger trockener
Rotwein (Chianti dei Colli Senesi)

Diese klassische Bauernmahlzeit aus den
Bergen um Siena schmeckt besonders gut,
wenn sie vorgekocht und aufgewärmt
wird. Um *Pappa al pomodoro* noch mehr
Aroma zu verleihen, einige
Rosmarinblätter fein hacken und mit den
Tomaten dazugeben.

Die Tomaten in einer hitzebeständigen Schüssel mit kochend heißem Wasser bedecken, und 1 Minute stehen lassen. Das Wasser abgießen, die Tomaten kurz unter fließendem kaltem Wasser abspülen. Die leicht abgekühlten Tomaten abziehen, halbieren, von den Kernen und festen Teilen befreien und grob hacken. • Das Öl bei niedriger Temperatur in einem Topf mit schwerem Boden erhitzen, Knoblauch und Basilikum hineingeben und 2 Minuten braten. Die Brotwürfel hinzufügen. • Unter ständigem Rühren die Brotwürfel bei mittlerer Hitze weitere 2 Minuten braten. Mit Salz und Pfeffer würzen. • Nach weiteren 2 Minuten die Tomaten und etwas Wasser oder Brühe hinzufügen. • Im offenen Topf 15 Minuten weiter garen, dabei häufig umrühren. Nach Belieben mit Salz und Pfeffer würzen. Falls die Suppe am Boden ansetzt, mehr Flüssigkeit dazugießen. Die Suppe sollte allerdings sehr dickflüssig sein. • Heiß in kleinen Suppenschalen servieren. Öl und Pfeffer auf den Tisch stellen, damit jeder Gast nach Belieben würzen kann.

Pasta e ceci

Nudelsuppe mit Kichererbsen

Für 4 Personen
Vorbereitungszeit: 20 Minuten +
Einweichzeit für die Kichererbsen
Garzeit: 1¼ Stunden
Schwierigkeitsgrad: relativ einfach

300 g getrocknete Kichererbsen
1 TL Natron
4 Knoblauchzehen, zerdrückt
2 Rosmarinzweige
Salz
100 ml natives Olivenöl
extra
2 EL Tomatenmark
250–500 ml
Gemüsebrühe
(selbst zube-
reitet oder aus
Brühwürfeln)
200 g Tagliatelle
(breite Band-
nudeln), in kleine Stücke
gebrochen
Frisch gemahlener schwarzer Pfeffer

Empfohlener Wein: ein trockener
Rotwein (Pomino)

In der Toskana wird dieses Gericht im
Römertopf zubereitet.

Die Kichererbsen in eine große Schüssel mit kaltem Wasser und Natron geben und über Nacht oder mindestens 12 Stunden stehen lassen. • Das Wasser abgießen, die Kichererbsen in einem Sieb sorgfältig unter fließendem kaltem Wasser abspülen. • In einen Topf geben, mit kaltem Wasser bedecken, 2 Knoblauchzehen und 1 Rosmarinzweig dazugeben. Den Deckel auflegen, dabei einen Spalt offen lassen, damit der Dampf entweichen kann. Die Kichererbsen bei schwacher Hitze 1 Stunde garen, bis sie sehr weich sind. Nach 50 Minuten mit 1 Prise Salz würzen. • Abgießen und das Kochwasser auffangen. • Drei Viertel der Kichererbsen in der Küchenmaschine oder mit dem Pürierstab pürieren, die restlichen Kichererbsen ganz belassen. • In einem großen Topf mit schwerem Boden 50 ml Olivenöl erhitzen, den übrigen Knoblauch und den Rosmarinzweig 3 Minuten darin braten. • Das Tomatenmark dazugeben und die Mischung bei mittlerer Hitze weitere 2 Minuten garen. • Die pürierten und ganzen Kichererbsen sowie das aufgefangene Kochwasser hinzufügen und aufkochen. • Wird die Suppe sehr dick, mit etwas heißer Brühe verdünnen. Die Tagliatelle hineingeben und 10 Minuten mitgaren, bis sie weich genug sind. Die Suppe mit Salz und Pfeffer abschmecken und in kleinen Schalen servieren. Öl und Pfeffer auf den Tisch stellen, damit jeder Gast nach Geschmack würzen kann.

Gnocchi di polenta

Polenta-Gnocchi

Das Wasser mit dem Salz in einem großen Topf mit schwerem Boden zum Kochen bringen. Den Maisgrieß unter ständigem Rühren mit einem langstieligen Holzlöffel langsam einrieseln lassen, damit sich keine Klümpchen bilden. 40 Minuten garen, dabei häufig rühren. • Kurz vor Ende der Garzeit die Butter unter die Polenta mischen, die sehr dick und geschmeidig und von weicher Konsistenz sein sollte. • Mit zwei Esslöffeln ovale Klößchen formen. Dabei die Löffel immer wieder in kaltes Wasser tauchen, damit die Polenta nicht kleben bleibt. Die Klößchen können ruhig ungleichmäßig geformt sein. • In eine tiefe, vorgewärmte ofenfeste Form eine Schicht Klößchen legen und etwas Fleischsauce darüber verteilen. Die Form abwechselnd mit einer Schicht Polenta-Klößchen und Fleischsauce füllen, bis alles aufgebraucht ist. Mit Fleischsauce abschließen. • Den Käse darüber streuen und die Gnocchi im vorgeheizten Backofen 5–8 Minuten bei 200 °C (Umluft 180 °C) backen, bis der Käse goldbraun ist. • Sofort servieren.

Für 4 Personen
Vorbereitungszeit: 5 Minuten +
15 Minuten für die Fleischsauce
Garzeit: 40 Minuten + 1 Stunde für die Fleischsauce
Schwierigkeitsgrad: relativ einfach

2 l Wasser
1 gehäufter EL grobes Meersalz
500 g Maisgrieß (Polenta)
60 g Butter
1 Portion Fleischsauce (s. Rezepte auf S. 45 oder 50)
150 g Parmesan, frisch gerieben

Empfohlener Wein: ein trockener Rotwein (Chianti Classico)

Dieses herzhafte Gericht eignet sich wunderbar für kalte Winterabende. Sie können es vorkochen und vor dem Servieren nur kurz aufwärmen. Wenn es einmal eilt, eignet sich auch Instantgrieß, den man inzwischen fast überall bekommt.

Olivenöl - das flüssige Gold der Toskana

Vor mehr als 2000 Jahren pflanzten die Etrusker in der Toskana eine Vielzahl von Olivenbäumen. Das aromatische Öl, das man aus ihren Früchten gewinnt, gehört zu den feinsten der Welt. Die toskanischen Bauern ernten und pressen die noch nicht voll ausgereiften Oliven und folgen dabei einer jahrhundertealten Tradition. Von Hand gepflückte oder von den Bäumen geschüttelte Oliven presst man am Tage der Ernte. Zuerst werden die Oliven gewaschen und dann zwischen Steinrädern zu einem Brei zermahlen. Mit Hilfe einer Zentrifuge gewinnt man das Öl, das dann gefiltert wird. Aus dieser *prima spremitura* (ersten Pressung) erhält man natives Olivenöl extra, die beste Qualität. Das restliche Öl im Presskuchen wird chemisch gewonnen und ist von viel geringerer Qualität. Wegen der arbeitsaufwendigen Herstellung ist das toskanische „native Olivenöl extra" selbst in Italien teuer. Mindere Qualität würde jedoch die Speisen beeinträchtigen. Kaufen Sie kleine Mengen frisches Öl, das Sie kühl, aber nicht im Kühlschrank aufbewahren sollten.

Die Schönheit des knorrigen, silbergrünen Olivenbaumes wurde über die Jahrhunderte von den Dichtern besungen. Der immergrüne Baum treibt im späten Frühjahr winzige, weiße Blüten. Diese bestehen entweder aus männlichen und weiblichen Teilen, aus denen sich die Früchte entwickeln, oder aber aus männlichen, die nur Pollen erzeugen. Die Bäume können Hunderte von Jahren alt werden. Aus dem harten Holz fertigt man Möbel und zahlreiche andere Gebrauchsgegenstände.

Je nach Witterung werden Oliven gegen Ende November oder – nach einem toskanischen Sprichwort – nie nach dem Santa-Lucia-Tag am 13. Dezember geerntet. Um die Früchte nicht zu beschädigen, erntet man sie in weiten Teilen der Toskana noch heute von Hand. Aus Körben leert man die frisch gepflückten Oliven und bringt sie direkt zur Presse. Das extra native Olivenöl ist von bester Qualität. Es wird kalt gepresst und enthält keinerlei Chemikalien oder andere Zusätze.

Das frisch gepresste Öl schimmert grünlich golden und sein volles Aroma besitzt eine besondere, köstliche Schärfe. In der Toskana wird das neue Öl im Dezember in den Läden verkauft (bei uns etwa im Januar), das ist auch die beste Zeit für „Fettunia" (Röstbrot mit Knoblauch und Öl, s. Rezept S. 12).

Olivenöl wird nach Säuregraden klassifiziert. Nach italienischem Gesetz darf natives Olivenöl extra höchstens ein Prozent Säure enthalten. Es ist das am häufigsten verwendete Öl der toskanischen Küche. Man bereitet daraus Salatdressings, konserviert Gemüse und Fisch und bereichert damit eine Vielzahl von Gemüsegerichten und Vorspeisen. Es dient auch als Basis für Pastasaucen, Eintöpfe, Schmorfleisch, Braten und viele Kuchen. Außerdem wird es zum Frittieren verwendet.

Brot und Pasta in der Toskana

Im Mittelmeerraum ist Brot immer ein Hauptnahrungsmittel gewesen, die Toskana macht da keine Ausnahme. Bemerkenswert ist aber, dass toskanisches Brot ganz ohne Salz hergestellt wird. Möglicherweise hat diese Besonderheit um 1100 ihren Ursprung, als sich Florenz und Pisa bekriegten. Das Salz gelangte über den Hafen von Pisa nach Florenz, und in Pisa behinderte man den Salzhandel mit aller Kraft, um die Florentiner zum Einlenken zu zwingen. Die heroischen Florentiner bereiteten ihre Speisen und ihr Brot deshalb ohne Salz zu. Eine etwas nüchternere Erklärung besagt, dass Salz für die meisten Toskaner einfach zu teuer war, und so backten oder kauften sie Brot, das aus einer preisgünstigen Mischung von Mehl, Hefe und Wasser bereitet wurde. Doch woher der Brauch auch stammt, das traditionelle toskanische Brot wird bis zum heutigen Tage ohne Salz gebacken. Zu einem würzigen Belag, wie Leberpastete (s. Rezept S. 15) oder schmackhaften geräucherten Wurstwaren der Region, bietet das salzlose Brot einen angenehmen Kontrast.

Dante Alighieri, der berühmteste Dichter der Toskana und Verfasser der Göttlichen Komödie, wurde von politischen Gegnern aus seinem geliebten Florenz vertrieben. Die Trennung von seiner Heimatstadt beklagte er mit den Worten: „Come è salato il pane altrui." (Wie salzig doch das Brot der anderen ist!)

In der Toskana ist Brot die wichtigste Zutat verschiedener Suppen und Vorspeisen. Die Beispiele reichen von „Panata" (einer Suppe, aus dem 14. Jahrhundert, die aus geriebenem, zwei Tage altem Brot, Eiern, Käse und Muskat besteht), über „Ribollita" (Suppe aus Gemüse und Brot, s. Rezept S. 31) und „Pappa al pomodoro" (Tomaten-Brot-Suppe, s. Rezept S. 32) bis „Panzanella" (Toskanischer Brotsalat, s. Rezept S. 29). Brot ist außerdem Bestandteil vieler Antipasti, zu denen die Crostini-Rezepte (s. S. 15, 22, 23) gehören, und zum Hauptgericht wird immer ein Korb mit Brot serviert. Eine Mahlzeit lassen die Toskaner gern mit dem letzten Schluck Rotwein und einem Stück Brot ausklingen.

Wenngleich Pasta für die Toskana weniger typisch ist, gibt es doch eine Reihe von Nudelspezialitäten, die mit der Region verbunden sind. Vor mehr als 2000 Jahren haben die frühen Bewohner der Toskana, die Etrusker, aus Weizen und Wasser große, flache Nudeln hergestellt (sozusagen die Vorgänger der heutigen Lasagne und Pappardelle). Heute reicht man zu diesen Spezialitäten für gewöhnlich Fleisch- oder Wildfleischsaucen („Pappardelle sulla lepre", s. Rezept S. 40). Wir wissen, dass man im 14. Jahrhundert für den Tag des Heiligen Lorenzo am 10. August Lasagne zubereitete, um sie an Vorbeigehende zu verschenken (eine Tradition, die noch immer gepflegt wird). Weitere Pastagerichte, die inzwischen mit der Toskana in Verbindung gebracht werden, sind etwa „Penne strasciate" (s. Rezept S. 50), „Tortelli di patato" (s. Rezept S. 44) aus der Gegend um Mugello nördlich von Florenz sowie „Pici" oder ungesalzene, hausgemachte Pasta (s. Rezept S. 45) aus der Gegend um den Monte Amiata im Zentrum der Toskana.

Verschiedene Pastasorten mit Tomaten- oder Fleischsaucen werden heute in jedem Restaurant und jeder Trattoria der Toskana serviert, obwohl sie ihren Ursprung nicht in dieser Region haben.

Neben dem üblichen toskanischen Brotlaib gibt es eine Art Fladenbrot, das Salz enthält und mit Olivenöl bestrichen wird. Diese Spezialität erinnert an Focaccia und ist in der Toskana als „Schiacciata all'olio" bekannt. Eine weitere Brotsorte wird in Siena speziell zu Allerheiligen gebacken; man mischt dafür Rosinen und Nüsse. „Pan di Ramerino" (Süße Rosmarin-Brötchen, s. Rezept S. 106) bäckt man traditionell zu Ostern, im Herbst dagegen, wenn die Trauben an den Weinstöcken reifen, bereitet man „Schiacciata all'uva" (süßes Fladenbrot mit dunklen Trauben, s. Rezept S. 104).

Tortelli di patate

Kartoffel-Tortelli

Für 4 Personen
Vorbereitungszeit: 40 Minuten
Garzeit: 10 Minuten + 30 Minuten
zum Garen der Kartoffeln
Schwierigkeitsgrad: relativ einfach

Für die Pasta:
500 g Hartweizengrieß, zusätzlich
100 g Mehl zum Bestäuben
4 große frische Eier
125 ml Milch
Salz

Für die Füllung:
800 g mehlige Kartoffeln, geschält
1 großes frisches Ei
100 g Parmesan, frisch gerieben
30 g Butter
Frisch geriebene Muskatnuss
Salz
50 g Butter
Frisch gemahlener schwarzer
Pfeffer

Empfohlener Wein:
ein trockener
Weißwein (Pomino Il
Benefizio)

Kartoffel-Tortelli
passen auch
hervorragend zu
Tomaten- oder
Fleischsaucen.

Den Pastateig wie auf S. 47 beschrieben zubereiten. • Für die Füllung die Kartoffeln etwa 20 Minuten garen, so dass sie noch fest sind. Abgießen, gut abtropfen lassen und durch ein Sieb in eine Rührschüssel streichen. • Das Ei, 60 g Parmesan, 30 g Butter, Muskat und Salz untermischen. Die Füllung beiseite stellen. • Den Pastateig halbieren. Die Arbeitsfläche mit Mehl bestäuben und die Teighälften etwa 3 mm dick ausrollen. • Die Kartoffelfüllung in gleichmäßigen Abständen von 3 cm auf einer Teigplatte teelöffelweise verteilen, etwa so wie bei der Herstellung von Ravioli. • Mit der anderen Teigplatte bedecken. Mit dem Finger vorsichtig auf der oberen Teigplatte zwischen den Kartoffelhäufchen entlangfahren. Die Tortelli mit einem Teigrädchen an den entstandenen Rillen auseinander schneiden, die Kanten mit einer Gabel zusammendrücken. • Nebeneinander auf ein leicht bemehltes sauberes Küchentuch legen. • Die restliche Butter in einem kleinen Topf zerlassen. • In einem großen Topf Wasser mit Salz zum Kochen bringen und ein paar Tropfen Öl hinzufügen. Die Tortelli hineingeben und 3–4 Minuten garen. • Steigen sie an die Oberfläche, mit einem Schaumlöffel herausnehmen. • In einer vorgewärmten Servierschüssel mit der zerlassenen Butter beträufeln, Pfeffer und den restlichen Parmesan darüber streuen. • Heiß servieren.

Pici al ragù

Frische Spaghetti mit Fleischsauce

Mehl und Salz in eine Rührschüssel sieben, in die Mitte eine Mulde drücken. Nach und nach so viel Wasser mit den Händen unter das Mehl arbeiten, dass ein geschmeidiger, Teig entsteht. • Auf einer bemehlten Arbeitsfläche 2 cm dick ausrollen und in Streifen schneiden. • Die einzelnen Streifen zwischen den bemehlten Handflächen rollen und dabei langsam auseinanderziehen, bis sie sehr dünn sind und wie ungleichmäßige Spaghetti aussehen. • Die *pici* auf einem leicht bemehlten, sauberen Küchentuch auslegen. • Das Öl in einem Topf mit schwerem Boden erhitzen und Zwiebel, Möhre, Sellerie und Petersilie 5 Minuten braten. • Das Fleisch und die Wurstmasse dazugeben, alle Klümpchen zerdrücken. • Unter Rühren 5 Minuten mitbraten. Die Pilze hinzufügen. • Den Wein dazugießen und ohne Deckel 5 Minuten bei starker Hitze einkochen lassen. • Tomaten unterrühren, mit Salz und Pfeffer abschmecken. • Hitze reduzieren. Zugedeckt mindestens 45 Minuten köcheln lassen, falls nötig etwas Brühe zugießen. • In einem großen Topf Wasser mit Salz und ein paar Tropfen Öl zum Kochen bringen, die *pici* hineingeben und bissfest garen. • Abtropfen lassen und in einer vorgewärmten Servierschüssel mit der Fleischsauce vermischen. Mit Parmesan bestreuen.

Für 4 Personen
Vorbereitungszeit: 50 Minuten
Garzeit: 1 Stunde für die Fleischsauce +
5 Minuten für die Pasta
Schwierigkeitsgrad: relativ einfach

300 g Hartweizengrieß
Eine kräftige Prise Salz
250 ml heißes Wasser
100 ml natives Olivenöl extra
1 mittelgroße Zwiebel, fein gehackt
1 mittelgroße Möhre, fein geraspelt
1 kleine Stange Bleichsellerie, in kleine Stücke geschnitten
$1\frac{1}{2}$ EL fein gehackte Petersilie
300 g mageres Rinderhack
1 frische italienische Schweinswurst, abgezogen
25 g getrocknete Steinpilze, 20 Minuten in warmem Wasser eingeweicht, gut abgetropft und grob gehackt
125 ml kräftiger, trockener Rotwein
400 g italienische Tomaten aus der Dose, gehackt
Salz
Frisch gemahlener schwarzer Pfeffer
250 ml Fleischbrühe (selbst zubereitet oder aus Brühwürfeln)
100 g Parmesan, frisch gerieben

Empfohlener Wein: ein trockener
Rotwein (Rosso di Montalcino)

Für 6 Personen
Vorbereitungszeit: 35 Minuten
Garzeit: 3 ¹/₂ Stunden
Schwierigkeitsgrad: relativ einfach

500 g Borlotti-Bohnen, frisch gepalt
oder 225 g getrocknete Bohnen
Frisch gemahlener schwarzer Pfeffer
Salz
300 g Spinat
100 g Mangold, Stiele entfernt
¹/₂ kleiner Wirsingkopf
100 ml natives Olivenöl extra
50 g fetter Speck (*pancetta*), klein
gewürfelt
1 Zwiebel, grob gehackt
2 Knoblauchzehen, fein gehackt
1 ¹/₂ EL fein gehackte Petersilie
1 ¹/₂ EL fein gehacktes, frisches
Basilikum
1 mittelgroße Möhre, grob geraspelt
2 Stangen Bleichsellerie, in kleine
Stücke geschnitten
2 Zucchini, klein gewürfelt
2 festkochende Kartoffeln, gewürfelt
50 g frische Schweineschwarte (nach
Belieben)
2 l heiße Fleischbrühe (selbst
zubereitet oder aus Brühwürfeln)
300 g Reis (italienischer
weißer Langkornreis oder
Karolina-Reis)
100 g Parmesan, frisch
gerieben

Empfohlener Wein: ein trockener
Rotwein (Chianti dei Colli Pisani)

Minestrone livornese
Minestrone Livorneser Art

Die frischen Bohnen in einem Topf mit gesalzenem Wasser bedecken und in 15 Minuten weichgaren. Getrocknete Bohnen über Nacht einweichen, abgießen, abspülen und in etwa 1 ¹/₂ Stunden weich garen. Etwas Salz kurz vor Ende der Garzeit hinzufügen. • Spinat, Mangold und Wirsing gründlich waschen und in dünne Streifen schneiden. • Nacheinander Wirsing, Mangold und Spinat in einen Topf mit leicht gesalzenem Wasser geben und 5–6 Minuten garen, so dass das Gemüse noch Biss hat. Abgießen und abtropfen lassen. Das Gemüse ausdrücken und fein hacken. • Das Öl in einem großen Topf erhitzen. • Zwiebel, Speck, Knoblauch, Petersilie und Basilikum 4–5 Minuten bei mittlerer Hitze darin braten. • Unter Rühren das restliche Gemüse, die Speckschwarte (falls verwendet), die Bohnen mit dem Kochwasser und das zuletzt gegarte Gemüse dazugeben. • Die heiße Brühe dazugießen. • Mit Pfeffer und Salz würzen, und zugedeckt 2 ¹/₂ Stunden bei schwacher Hitze köcheln lassen. • Reis hinzufügen, alles gut umrühren, weitere 20 Minuten garen. • Sehr heiß servieren und dazu eine Schale geriebenen Parmesan zum Bestreuen reichen.

Ravioli del Casentino

Ravioli „Casentino"

Hartweizengrieß oder das Mehl aufhäufen, in die Mitte eine Mulde drücken, die verquirlten 3 Eier und 1 kräftige Prise Salz hineingeben. Mit den Fingern nach und nach das Mehl vom Rand mit den Eiern vermengen, so dass ein fester Teig entsteht. Pastateig zu einem geschmeidig-elastischen Teig verkneten. Eine Kugel formen und halbieren oder vierteln. Mit einem Tuch abdecken. • Spinat in einen großen Topf mit kochendem, gesalzenem Wasser geben und 8–10 Minuten garen. Abtropfen lassen, ausdrücken und fein hacken. • In einer Rührschüssel Spinat, Ricotta, die restlichen 2 Eier und das zusätzliche Eigelb, Muskat, Salz, Pfeffer und Parmesan vermischen. • Auf einer bemehlten Arbeitsfläche die Teigstücke etwa 3 mm dick ausrollen. • Die Teigplatten in 7,5 cm lange Quadrate teilen. Jeweils 2 TL Spinatfüllung in die Mitte geben, die 4 Ecken darüber klappen und fest zusammendrücken. • Die Ravioli nebeneinander auf ein bemehltes sauberes Küchentuch setzen und 2–3 Stunden stehen lassen. • In einem großen Topf gesalzenes Wasser mit etwas Öl zum Kochen bringen. Die Ravioli hineingeben und garen, bis sie an die Oberfläche steigen. Mit einem Schaumlöffel herausnehmen und in eine vorgewärmte Servierschüssel geben. • Die Fleischsauce darüber geben, vorsichtig unterrühren, sofort servieren.

Für 4 Personen
Vorbereitungszeit: 30 Minuten
Garzeit: 1¹/₂ Stunden
Schwierigkeitsgrad: relativ einfach

400 g Hartweizengrieß oder herkömmliches Mehl
3 frische große Eier, leicht verquirlt
Salz
1 kg Spinat, gewaschen
500 g frischer Ricotta, abgetropft
2 ganze Eier, zusätzlich 1 Eigelb
1 Prise geriebene Muskatnuss
Frisch gemahlener schwarzer Pfeffer
Salz
150 g Parmesan, gerieben

Empfohlener Wein: ein trockener Rotwein (Chianti Rufina)

**Reichen Sie die Ravioli
mit Tomaten- oder
Fleischsauce
(s. Rezepte S. 52/53).**

Acqua cotta
Suppe „Maremma"

Für 4 Personen
Vorbereitungszeit: 30 Minuten
Garzeit: 1 Stunde
Schwierigkeitsgrad: relativ einfach

75 ml natives Olivenöl extra
2 Zwiebeln, in Scheiben geschnitten
300 g frische oder tiefgefrorene Erbsen
200 g Dicke Bohnen, frisch gepalt
1 mittelgroße Möhre, in Scheiben
geschnitten
1 Stange Bleichsellerie, in dünne
Scheiben geschnitten
1 getrocknete Chilischote, zerrieben
Salz und schwarzer Pfeffer
300 g junger Mangold oder Spinat,
gewaschen und in Streifen geschnitten
300 g feste, reife Tomaten, geschält
und gehackt
1¹/₂ l kochend heißes Wasser
4 frische große Eier
60 g Parmesan oder reifer Pecorino,
4 Scheiben Weißbrot mit fester Krume
2 Tage alt
1 Knoblauchzehe

*Empfohlener Wein: ein trockener
Weißwein (Montecarlo Bianco)*

**Die Bezeichnung dieses früher bäuerlichen
Gerichtes bedeutet „gekochtes Wasser".**

Das Öl in einem großen Topf mit schwerem Boden erhitzen. Zwiebeln, Erbsen, Dicke Bohnen, Möhre, Sellerie, Chilischote und eine Prise Salz hineingeben. • Bei mittlerer Hitze 10 Minuten braten, bis das Gemüse weich und leicht gebräunt ist. • Mangold oder Spinat und Tomaten hinzufügen und 15 Minuten mitgaren. • Das kochend heiße Wasser dazugießen und die Suppe 40 Minuten bei schwacher Hitze köcheln lassen. Bei Bedarf mit Salz würzen. • Die Eier mit Salz, Pfeffer und dem geriebenen Käse mit einer Gabel oder einem Schneebesen verquirlen. • Die Brotscheiben im Backofen goldbraun rösten und von beiden Seiten mit Knoblauch einreiben. • Jeweils 1 Scheibe in eine Suppentasse legen und über jede Portion ein Viertel der Eimischung gießen. Die Suppe umrühren und in die Suppentassen schöpfen. • Sofort servieren.

Penne strascicate
Nudeln auf Florentiner Art

Für 4 Personen
Vorbereitungszeit: 25 Minuten
Garzeit: 1¼ Stunden
Schwierigkeitsgrad: relativ einfach

Für die Fleischsauce:
100 ml natives Olivenöl extra
1 mittelgroße Zwiebel, fein gehackt
1 kleine Möhre, fein geraspelt
1 kleine Stange Bleichsellerie, in kleine
Stücke geschnitten
1¼ EL fein gehackte Petersilie
300 g mageres Rindfleisch, durch den
Wolf gedreht
125 ml kräftiger trockener Rotwein
400 g italienische Tomaten
Salz
Frisch gemahlener schwarzer Pfeffer
250 ml Fleischbrühe (selbst zubereitet
oder aus Brühwürfeln)
400 g Penne (kurze Röhrennudeln)
150 g Parmesan, frisch gerieben

*Empfohlener Wein: ein junger,
trockener Rotwein (Chianti dei Colli
Fiorentini)*

**An kalten Winterabenden belebt dieses
herzhafte Gericht Geist und Körper, und
es bietet eine ausgezeichnete Möglichkeit,
die Pasta vom Vortag zu verbrauchen.**

Das Öl in einer Pfanne mit hohem Rand erhitzen. Zwiebel, Möhre, Sellerie und Petersilie 4–5 Minuten bei mittlerer Hitze darin braten. • Das Fleisch hinzufügen und entstehende leicht braune Klümpchen mit dem Löffel zerdrücken. • Den Wein dazugießen und 4–5 Minuten unter Rühren köcheln lassen. • Die Tomaten, Salz und Pfeffer untermischen und alles weitere 4–5 Minuten köcheln lassen. • 2–3 EL Brühe hinzufügen. Zugedeckt mindestens 40 Minuten bei schwacher Hitze garen. Gelegentlich etwas Brühe unterrühren, damit die Sauce nicht zu trocken, aber auch nicht zu wässrig wird. • In einem großen Topf Wasser mit Salz zum Kochen bringen. Die Nudeln hineingeben und bissfest garen. • Die Fleischsauce bei schwacher Hitze warm halten. Die abgetropften Nudeln hinzufügen, alles vermischen und 5 Minuten stehen lassen, damit die Nudeln gleichmäßig mit Sauce bedeckt sind und sich der Geschmack entfalten kann. • Mit dem Parmesan vermischen und sofort servieren.

Grundrezepte für Saucen und Fleischbrühe

Die toskanische Küche verfügt über eine breite Palette an Grundsaucen, die zu Pasta, Gemüse, Fisch und Fleisch serviert werden. Wie die gesamte toskanische Küche sind auch die Saucen eher einfach und bodenständig und überzeugen durch Frische und Qualität der Zutaten anstatt durch komplizierte Zubereitung. Wir haben vier Saucen zusammengestellt, die das Herzstück toskanischer Kochkunst bilden. Mit diesen einfachen Saucen können Sie viele unterschiedliche Gerichte verfeinern.

BÉCHAMEL

Obwohl diese Sauce weitgehend mit der französischen Küche in Zusammenhang gebracht wird, stammt sie doch ursprünglich aus Florenz. Es handelt sich um eines der zahlreichen Rezepte, die zusammen mit Katharina de' Medici den prächtigen Renaissance-Hof der toskanischen Hauptstadt verließen, als diese nach Norden zog, um den künftigen König von Frankreich zu heiraten.

60 g Butter
60 g Mehl
500 ml kochend heiße Milch
Frisch geriebene Muskatnuss
Salz

Die Butter in einem kleinen Topf mit schwerem Boden bei schwacher Hitze zerlassen. Das Mehl einrühren und unter ständigem Rühren 1–2 Minuten erhitzen. • Etwas Milch zugießen und gut verrühren. Nach und nach die restliche Milch dazugießen, dabei ständig rühren, damit sich keine Klümpchen bilden. Unter Rühren 5 Minuten schwach erhitzen. • Mit Muskat und Salz abschmecken. • Béchamelsauce wird für viele Nudel- und Gemüseaufläufe verwendet. Man kann damit auch Pastareste vom Vortag in ein schmackhaftes Gericht verwandeln: Pasta und Béchamelsauce einfach vermischen und für 15 Minuten in den heißen Backofen schieben.

TOMATENSAUCE (GRUNDREZEPT)

für 4 Personen; wird zu Pasta, Reis oder Fleisch serviert

60 ml natives Olivenöl extra
2 Knoblauchzehen, fein gehackt
1 mittelgroße Möhre, fein geraspelt
1 mittelgroße Zwiebel, fein gehackt
1 Stange Bleichsellerie, in kleine Stücke geschnitten
2 EL fein gehackte Petersilie
500 g Tomaten, frisch oder aus der Dose, geschält und grob gehackt
Salz und frisch gemahlener schwarzer Pfeffer
6 frische Basilikumblätter, zerpflückt

Das Öl in einer großen Pfanne erhitzen und Knoblauch, Möhre, Zwiebel, Sellerie und Petersilie 4–5 Minuten darin braten. • Die Tomaten dazugeben, mit Salz und Pfeffer würzen und ohne Deckel bei schwacher Hitze mindestens 45 Minuten köcheln lassen, bis die Sauce die gewünschte Konsistenz hat. • Vom Herd nehmen, Basilikum unterrühren und die Sauce servieren. • Für eine scharfe Sauce nach Geschmack Chilipulver hinzufügen. • Gegen Ende des Sommers, wenn Tomaten billig und reichlich sind, können Sie eine größere Menge davon in einem sehr großen Topf mit schwerem Boden zubereiten. Die Tomatensauce in sterilisierte Gläser füllen und nach Bedarf den ganzen Winter über verwenden. Größere Mengen mindestens 1½ Stunden köcheln lassen.

REICHHALTIGE FLEISCHSAUCE

für 8 Personen; wird zu Pasta, Reis oder
Gemüsegerichten gereicht

60 ml natives Olivenöl extra

2 Knoblauchzehen, fein gehackt

1 mittelgroße Möhre, fein geraspelt

1 mittelgroße Zwiebel, fein gehackt

1 Stange Bleichsellerie, in kleine Stücke geschnitten

2 EL fein gehackte Petersilie

60 g magerer Speck (pancetta), klein gewürfelt

250 g mageres Kalb- oder Rindfleischhack

125 g Hühnerbrust, grob gehackt

125 g Hühnerleber, fein gehackt

*30 g getrocknete Steinpilze, 20 Minuten in warmem
Wasser eingeweicht, fein gehackt*

125 ml trockener Rotwein

500 g frische Tomaten, geschält und grob gehackt

Salz und frisch gemahlener schwarzer Pfeffer

In einem großen Topf mit schwerem Boden das Öl erhitzen. Knoblauch, Möhre, Zwiebel, Sellerie, Petersilie und Speck bei mittlerer Hitze braten, bis die Zwiebel hellgelb ist. • Kalb- oder Rindfleisch, Hühnerbrust und Hühnerleber hinzufügen und unter Rühren 5–7 Minuten mitbraten. • Die Pilze dazugeben und alles 5 weitere Minuten braten. • Den Wein zugießen und einkochen lassen. • Die Tomaten hinzufügen, mit Salz und Pfeffer würzen. Bei halbgeöffnetem Topf das Gericht mindestens 2 Stunden köcheln lassen. Je länger die Sauce köchelt, desto besser schmeckt sie. Bei Bedarf etwas heiße Brühe oder Wasser dazugießen.

FLEISCHBRÜHE

Für viele Rezepte in diesem Buch wird Fleischbrühe benötigt. Sie können sie aus Brühwürfeln herstellen, doch selbst zubereitet schmeckt sie sehr viel besser. Brühe läßt sich gut einfrieren, darum können Sie ruhig eine größere Menge herstellen, in kleinen Behältern einfrieren (Formen für Eiswürfel sind ideal), und bei Bedarf verwenden. Das folgende Rezept ergibt 1,5 l.

1¼ kg Rindfleisch mit Knochen (Nacken, Schulter, Rippchen, Brust)

2 Möhren

2 Zwiebeln

2 große Stangen Bleichsellerie

2 reife Tomaten

2 Knoblauchzehen

2 Petersilienzweige

1 Lorbeerblatt

Salz und frisch gemahlener schwarzer Pfeffer

Fleisch, Gemüse und Kräuter in einen Topf mit Wasser geben. Zugedeckt bei mittlerer Hitze zum Kochen bringen. Mit Salz und Pfeffer würzen. • Bei halbgeöffnetem Topf 3 Stunden bei geringer Temperatur köcheln lassen. • Vom Herd nehmen und abkühlen lassen. • Ist die Brühe erkaltet, Gemüse und Kräuter herausnehmen und das Fett, das sich an der Oberfläche gebildet hat, abheben und wegwerfen.

Minestra di farro
Dinkel-Gemüsesuppe

Für 4 Personen
Vorbereitungszeit: 30 Minuten +
4 Stunden Einweichzeit für den Dinkel
Garzeit: 30 Minuten bei frischen
Bohnen, bei getrockneten etwa
1¼ Stunden
Schwierigkeitsgrad: relativ einfach

Getrocknete Bohnen über Nacht in kaltem Wasser einweichen, anschließend abgießen und abspülen. • Dinkel mindestens 4 Stunden in kaltem Wasser quellen lassen. • In einem großen Topf die Bohnen mit kaltem Wasser bedecken. Die Haut der Tomaten mit einer Gabel einstechen und die Tomaten mit Knoblauch, Salbei und etwas Salz zu den Bohnen geben. Bei getrockneten Bohnen kräftig salzen. Zugedeckt zum Kochen bringen und mindestens 25 Minuten köcheln lassen, bis die Bohnen weich sind. • Knoblauch und Salbei entfernen. • Die Hälfte der Bohnen in der Küchenmaschine pürieren, das Kochwasser beiseite stellen. • Das Öl in einem Topf mit schwerem Boden bei mittlerer Stufe erhitzen, den gewürfelten Speck mit dem zerdrückten Knoblauch 3 Minuten darin braten; sobald er sich verfärbt, den Knoblauch entfernen. • Das restliche Gemüse und Tomatenmark, Salz, Pfeffer sowie die Brühe bei schwacher bis mittlerer Hitze 30 Minuten köcheln lassen. Den abgetropften Dinkel hinzufügen. • Nach weiteren 20 Minuten Garzeit die pürierten und ganzen Bohnen dazugeben. Abschmecken und nochmals 20 Minuten köcheln lassen. • Die Suppe heiß servieren. An jede Portion ½–1 EL Öl geben.

400 g frisch gepalte oder 200 g getrocknete Cannellini-Bohnen
200 g Dinkel
3 Kirschtomaten oder kleine Tomaten
2 Knoblauchzehen
1 kleiner Salbeizweig
Salz
100 ml natives Olivenöl extra, zusätzlich Olivenöl zum Servieren
100 g magerer Speck, (*pancetta*) klein gewürfelt
2 Knoblauchzehen, leicht zerdrückt
1 Zwiebel, in dünne Scheiben geschnitten
1 Stange Lauch, in schmale Ringe geschnitten
1 Stange Bleichsellerie, in kleine Stücke geschnitten
1 Möhre, geschält und gewürfelt
150 g Spinat oder Mangold, gehackt
½ kleiner Wirsingkopf, gehackt
45 ml Tomatenmark
1½ l Brühe (selbst zubereitet oder aus Brühwürfeln)
Frisch gemahlener schwarzer Pfeffer

Empfohlener Wein: ein junger trockener Rotwein (Chinati Rufina)

Dinkel ist ein Getreide, das im Mittelmeerraum seit den Anfängen der Landwirtschaft angebaut wird.

Spaghetti alla scoglio

Spaghetti mit Meeresfrüchten

Für 4 Personen
Vorbereitungszeit: 40 Minuten
Garzeit: 1 Stunde
Schwierigkeitsgrad: relativ einfach

Die Muscheln für mindestens 1 Stunde in kaltes Wasser legen, um sie von Sand zu reinigen. Die Miesmuscheln unter fließendem kaltem Wasser abbürsten, mit einem kleinen Messer entbarten. • In einer großen Pfanne 2 EL Öl heiß werden lassen und 1 Knoblauchzehe bei mittlerer Hitze darin braten. Die Muscheln und 175 ml Wein hinzufügen. Zugedeckt 8–10 Minuten garen, bis sich die Muscheln öffnen und dabei die Pfanne ab und zu schwenken. • Muscheln, die sich nicht geöffnet haben, wegwerfen. Einige sehr schöne Exemplare für die Garnitur beiseite legen, den Rest aus den Schalen lösen. • Das Fleisch der Kalmare und Tintenfische in Ringe und Streifen schneiden. • Das restliche Öl in einer großen Pfanne erhitzen, darin den gehackten Knoblauch, Petersilie und Chilischoten 3–4 Minuten braten. • Tintenfische und Kalmare dazugeben, mit Salz und Pfeffer würzen und 2–3 Minuten unter Rühren mitbraten. Den restlichen Wein dazugießen und zugedeckt alles 12 Minuten garen. • Die Garnelen und bei Bedarf zusätzlich Salz hinzufügen, weitere 3 Minuten garen, dann die Muscheln dazugeben. • Weitere 3 Minuten köcheln lassen. • In der Zwischenzeit in einem großen Topf Wasser mit Salz zum Kochen bringen, die Spaghetti hineingeben und bissfest garen. Die Spaghetti mit der Meeresfrüchte-Sauce 2 Minuten schwach erhitzen. • Mit den zurückbehaltenen Muscheln garnieren und danach sofort servieren.

500 g Miesmuscheln
24 sehr kleine Jacobsmuscheln
500 g Venusmuscheln
100 ml natives Olivenöl extra,
zusätzlich 2 EL Olivenöl zum Garen der
Muscheln
1 Knoblauchzehe
250 ml trockener Weißwein
400 g Kalmare, vorbereitet
400 g Tintenfisch, vorbereitet oder
entsprechend mehr Kalmare
300 g Riesengarnelen, ausgelöst und
gewaschen
3 Knoblauchzehen, fein gehackt
2–3 EL fein gehackte Petersilie,
2 getrocknete Chilischoten, zerrieben
Salz
Frisch gemahlener Pfeffer
375 g Spaghetti

Empfohlener Wein: ein trockener
würziger Weißwein (Bianco di
Pitigliano)

Secondi piatti

Die Grundlage fast aller toskanischen Hauptgerichte bilden Fleisch oder Fisch. Für einige der schmackhaftesten Speisen verwendet man auch Innereien, wie Kutteln oder Leber. An der Küste sind Fisch und Meeresfrüchte sehr verbreitet. *Cacciucco* oder Livorneser Fischragout gehört zu den reichhaltigsten Fischgerichten der Toskana. Im Landesinnern werden Geflügel, Rind und Lamm gebraten, gegrillt oder mit Olivenöl und einer Hand voll Kräutern geschmort. Das Rezept für die Ente à l'orange stammt aus der Renaissancezeit und erinnert an die glorreichen Tage der Toskana.

Peposo

Pikantes geschmortes Kalbfleisch

Für 6 Personen
Vorbereitungszeit: 20 Minuten
Garzeit: 2 ½ Stunden
Schwierigkeitsgrad: relativ einfach

Das Öl in einem Topf mit schwerem Boden erhitzen (traditionell wird ein Römertopf verwendet) und Zwiebeln, Knoblauch, Möhren, Sellerie und Chilis 5 Minuten darin braten. • Das Fleisch von Sehnen und Fett befreien und in 2,5 cm lange Würfel schneiden. • Die Pfefferkörner im Mörser grob zerstoßen oder in eine kräftige Papiertüte füllen und mit einem Nudelholz zerkleinern. • Knoblauchzehen und Fleisch in den Topf geben. Mit Salz würzen, den Pfeffer hinzufügen. 8 Minuten garen, bis das Fleisch rundum gebräunt ist. • Die Tomaten dazugeben, alles vermischen und 12 Minuten garen. • Den Wein dazugießen und die Hitze reduzieren, zugedeckt 2 Stunden köcheln lassen, gelegentlich umrühren, bis das Fleisch ganz zart ist. Nach Belieben mit Salz abschmecken. • Sehr heiß servieren.

70 ml natives Olivenöl extra
1½ Zwiebeln, fein gehackt
3 Knoblauchzehen, fein gehackt
2 kleine Möhren, grob geraspelt
2 kleine Stangen Bleichsellerie, in kleine Stücke geschnitten
2 getrocknete Chilischoten, zerrieben
1,3 kg Kalbfleisch von der Hachse, entbeint
1½ EL schwarze Pfefferkörner
5 Knoblauchzehen
Salz
600 g italienische Tomaten aus der Dose, gehackt
400 ml kräftiger trockener Rotwein
Salz

Empfohlener Wein: ein trockener Rotwein (Chianti Classico)

Paparo all'arancia

Ente mit Orangensauce

Für 4 Personen
Vorbereitungszeit: 25 Minuten
Garzeit: 1½ Stunden
Schwierigkeitsgrad: relativ einfach

1 küchenfertige Ente (1,2 kg)
80 ml natives Olivenöl extra
2 Knoblauchzehen
1 Rosmarinzweig
Salz
Frisch gemahlener schwarzer Pfeffer
3 unbehandelte Orangen
1 Zwiebel, grob gehackt
1 Möhre, grob geraspelt
1 Stange Bleichsellerie, in kleine
Stücke geschnitten
125 ml trockener Weißwein
100 g sehr feiner Zucker
1½ EL Wasser

Empfohlener Wein: ein trockener
Rotwein (Vino Nobile di
Montepulciano)

Obwohl die Franzosen dieses Rezept für sich beanspruchen, sind seine Ursprünge am Florentiner Hof der Medici in der Zeit der Renaissance zu suchen. Als im 16. Jahrhundert Katharina de' Medici nach Frankreich ging, um den künftigen König Henri II. zu heiraten, nahm sie dieses und viele andere Geheimnisse der toskanischen Küche mit.

Die Ente waschen und trockentupfen. Die Schale von 1 Orange dünn abschälen, in schmale Streifen schneiden und mit Knoblauch, Rosmarin, Salz und Pfeffer in die Bauchhöhle der Ente füllen. • 40 ml Öl in einen großen Bräter gießen, die Ente hineinlegen und mit gemahlenem Pfeffer bestreuen. Das Gemüse um die Ente verteilen und mit dem restlichen Öl beträufeln. Im vorgeheizten Backofen 1½ Stunden bei 190 °C (Umluft 190 °C) braten. Nach 10 Minuten den Wein über die Ente gießen. • Während die Ente brät, die Schale der restlichen Orangen in sehr dünne Streifen schneiden, in einen kleinen Topf mit kaltem Wasser geben, aufkochen und abgießen. Den Vorgang zweimal wiederholen, damit die Schale nicht mehr bitter schmeckt. • In einem kleinen Topf Zucker und Wasser bei mittlerer Stufe erhitzen, bis der Zucker schmilzt und karamelisiert. Die in Streifen geschnittene Orangenschale hinzufügen, unter Rühren 2 Minuten schwach erhitzen und beiseite stellen. • 2 Orangen auspressen und den Saft nach 30 Minuten Bratzeit über die Ente gießen. • Ist die Ente gar (beim Anschneiden der Keule sollte heller Bratensaft austreten), Knoblauch, Rosmarin und Orangenschale aus der Bauchhöhle entfernen. • Die Ente in 8–10 Portionen teilen, dabei nach Möglichkeit das Fleisch an den Knochen belassen. Mit dem Bratfond und dem Gemüse in eine Kasserolle geben und die karamelisierte Orangenschale hinzufügen. Bei mittlerer Stufe 5 Minuten erhitzen, dabei die Portionen mehrmals im Fond wenden. • Heiß servieren.

Für 6 Personen
Vorbereitungszeit: 25 Minuten
Garzeit: 2¼ Stunden
Schwierigkeitsgrad: relativ einfach

75 ml natives Olivenöl extra
2 Knoblauchzehen, fein gehackt
1 mittelgroße Zwiebel, fein gehackt
1 kleine Möhre, fein geraspelt
1 kleine Stange Bleichsellerie, in kleine
Stücke geschnitten
1½ EL fein gehackte, frische Petersilie
1 EL fein gehacktes, frisches Basilikum
2 getrocknete Chilischoten, zerrieben
1,3 kg verschiedene Fleischsorten,
Geflügel und Wild (etwa Kalb, Schwein,
Kaninchen, Perlhuhn), vorbereitet und
in kleine Stücke geschnitten
125 ml kräftiger trockener
Rotwein
3 EL Tomatenmark
Salz
Frisch gemahlener schwarzer
Pfeffer
1 l heiße Brühe (selbst zubereitet oder aus Brühwürfeln)
6 Scheiben weißes oder
dunkles Brot mit fester Krume,
2 Tage alt
1 Knoblauchzehe

Empfohlener Wein: ein
trockener Rotwein (Chianti dei
Colli Fiorentini)

Scottiglia
Gemischter Fleischeintopf

Das Öl in einem Topf mit schwerem Boden erhitzen und Knoblauch, Zwiebel, Möhre, Sellerie, Kräuter und Chilis darin braten. • Nach 5 Minuten Fleisch, Wild und Geflügel dazugeben und 8 Minuten bei mittlerer bis starker Hitze mitbraten. • Den Wein zugießen und bei starker Hitze ohne Deckel in etwa 7 Minuten leicht einkochen lassen. • Tomatenmark unterrühren, mit Salz und Pfeffer abschmecken. • Die Brühe dazugießen, die Hitze reduzieren und alles zugedeckt 1 Stunde köcheln lassen, dabei gelegentlich umrühren. Der fertige Eintopf sollte reichlich Flüssigkeit enthalten; seine Konsistenz liegt etwa zwischen einer herzhaften Suppe und einem Pfannengericht. • Die Brotscheiben halbieren und im Backofen rösten. Die gerösteten Brotscheiben mit der Knoblauchzehe einreiben und in die vorgewärmten Suppenschalen legen. Den Eintopf darüber verteilen. • Vor dem Servieren 2–3 Minuten stehen lassen, damit das Brot etwas Flüssigkeit aufnehmen kann.

Francesina
Fleischtopf mit Zwiebeln

Das Fleisch in einem großen Topf mit kaltem Wasser bedecken. Zwiebel, Möhre, Sellerie, Petersilie, Tomaten und Meersalz hinzufügen. Zugedeckt langsam zum Kochen bringen.1 Stunde bei schwacher Hitze garen, bis das Fleisch sehr weich ist. Zum Auskühlen in der Kochflüssigkeit belassen, da es sich dann später leichter schneiden lässt. • Das Öl in einem großen Topf mit schwerem Boden erhitzen, die Zwiebeln bei mittlerer Hitze 2–3 Minuten darin braten. • 125 ml Brühe zugießen und bei halb geöffnetem Topf in 10 Minuten leicht einkochen lassen, bis die Flüssigkeit reduziert ist. • Das gegarte Fleisch in kleine Stücke oder dünne Scheiben schneiden und in den Topf geben. • Mit Salz und Pfeffer würzen und 3–4 Minuten unter Rühren garen. • Die Tomaten untermischen, mit Salz abschmecken. Zugedeckt 15 Minuten bei schwacher Hitze köcheln lassen. Bei Bedarf etwas Brühe nachgießen. • Heiß servieren.

Für 4 Personen
Vorbereitungszeit: 15 Minuten
Garzeit: 30 Minuten + 1 Stunde für das Fleisch
Schwierigkeitsgrad: einfach

900 g Rindfleisch (Brust, Schwanzstück, Oberschale)
1 Zwiebel, halbiert
1 Möhre, in 3–4 Stücke geschnitten
1 Stange Bleichsellerie, in 3–4 Stücke geschnitten
1 Zweig Petersilien
4 reife Tomaten, mit einer Gabel mehrmals in die Haut eingestochen
1 EL grobes Meersalz
60 ml natives Olivenöl extra
250 ml Fleischbrühe
3 große Zwiebeln, in sehr dünne Scheiben geschnitten
Salz
Frisch gemahlener schwarzer Pfeffer
400 g italienische Tomaten aus der Dose, abgetropft

Empfohlener Wein: ein trockener Rotwein (Chianti Classico)

Übrig behaltenes Fleisch von *Bolito misto* (Gemischtem Fleischtopf) eignet sich ideal für dieses Gericht. Müssen Sie das Fleisch frisch zubereiten, sollten Sie es am Tag zuvor garen. Francesina schmeckt auch aufgewärmt gut.

Cacciucco

Eintopf mit Fisch und Meeresfrüchten

Für den Fischfond in einem großen, hohen Topf das Wasser zusammen mit Zwiebel, Möhre, Sellerie, Petersilie und dem Lorbeerblatt zugedeckt zum Kochen bringen. • Seehecht und Knurrhahn hineingeben. Aufkochen und bei schwacher bis mittlerer Hitze zugedeckt 20 Minuten köcheln lassen. • Den Fond durch ein Sieb in eine große Schüssel abseihen. Den Fisch durch ein grobes Sieb streichen oder sehr klein schneiden und zu der Brühe geben. • Das Öl in einem großen Topf mit schwerem Boden erhitzen und Zwiebel, Knoblauch, Petersilie und Chilischoten 5 Minuten darin braten. • Den Kraken in 2,5 cm lange Stücke schneiden. Die Tentakel des Tintenfischs entfernen, sofern noch nicht geschehen. Das Fleisch der Kalmare halbieren. • Krake, Tintenfisch und Kalmare in den Topf geben und 5 Minuten garen. • Den Wein zugießen und bei mittlerer bis starker Hitze leicht einkochen lassen. • Die Tomaten untermischen, mit Salz und Pfeffer würzen. Zugedeckt 20 Minuten köcheln lassen. Fischfond, Hundshai und Garnelen hinzufügen. 10 Minuten zugedeckt garen, dabei ab und zu umrühren. • Die Brotscheiben im Backofen rösten und mit der Knoblauchzehe einreiben. • In jede Suppenschale 1 Scheibe legen, den Eintopf darüber schöpfen, kurz ziehen lassen, dann servieren.

Für 6 Personen
Dauer der Zubereitung: 50 Minuten
Garzeit: 1¼ Stunden
Schwierigkeitsgrad: relativ einfach

1 l Wasser, gesalzen
1 Zwiebel, halbiert
1 Möhre, längs halbiert
1 Stange Bleichsellerie, halbiert
1 kleines Bund Petersilie
1 Lorbeerblatt
250 g Seehecht, filetiert
250 g Knurrhahn, gereinigt
60 ml natives Olivenöl extra
½ Zwiebel, fein gehackt
4 Knoblauchzehen, fein gehackt
3 EL fein gehackte, frische Petersilie
2 getrocknete Chilischoten, zerrieben
Je 250 g junger Krake, Tintenfisch und Kalmare (vom Fischhändler küchenfertig vorbereitet)
250 ml trockener Weißwein
400 g Tomaten aus der Dose, abgetropft, gewürfelt
Salz
Frisch gemahlener schwarzer Pfeffer
250 g Hundshai, gereinigt und in Stücke geschnitten
250 g Garnelen, ohne Kopf, aber nicht ausgelöst
4 Scheiben Weißbrot mit fester Krume
1 Knoblauchzehe

Empfohlener Wein: ein trockener Rotwein (Sassicaia) oder ein trockener Weißwein (Bianco di Nugola)

Wein aus der Toskana

Jahrhundertelang war Chianti ein Synonym für Wein aus der Toskana, und wenn man im Ausland den Namen hörte, dachte man sogleich an die mit Stroh umwickelten Flaschen. Leider sollte mit dem Namen und der Flasche nach und nach ein eher mittelmäßiger Rotwein in Verbindung gebracht werden. In den vergangenen dreißig Jahren haben sich die toskanischen Winzer jedoch zu den innovativsten in Italien entwickelt. Der Name — er geht auf die Chianti-Liga aus dem 13. Jahrhundert zurück — benennt ursprünglich die Region nördlich von Siena (das südliche Gebiet des heutigen Chianti Classico). Doch als der Wein in diesem Jahrhundert immer beliebter wurde, dehnte sich das Gebiet im Süden von Siena, im Osten bis Arezzo, im Norden und Westen bis Florenz und Pisa aus. Chianti-Weine entstehen traditionell aus einer Kombination der Rebsorten Sangiovese, Canaiolo, Malvasia und Trebbiano. Chianti ist zwar immer noch der am meisten erzeugte Wein, doch ältere Sorten, wie Vernaccia di San Gimignano und Vino Nobile di Montepulciano haben inzwischen einen Aufschwung erlebt. Auch relativ neue Weine wie Brunello di Montalcino und Tischweine wie Sassicaia werden sehr geschätzt und haben italienische und internationale Preise gewonnen. Der traditionelle Dessert-Wein der Toskana — *Vin Santo* — wird noch immer erzeugt und gern getrunken. Großer Beliebtheit erfreuen sich jetzt auch die vielen *Vin Novella*s, ganz junge Weine, die Anfang November nach der Weinlese zum Verkauf kommen.

Das Schloss Brolio in der Provinz Siena gehört zu den Gütern der Familie Ricasoli. In der ersten Hälfte des 19. Jahrhunderts setzte Graf Bettino Ricasoli strenge Richtlinien, die die Qualität der Chianti-Weine verbesserten. Stets waren die Winzer der Toskana angesehene Familien der Region. Mit den drei großen Namen des heutigen Weinbaus — Ricasoli, Frescobaldi und Antinori — ist eine über 600 Jahre alte Tradition verbunden.

„Brunello di Montalcino" ist der berühmteste Rotwein der Toskana und womöglich der beste in Italien. Für toskanische Verhältnisse ist er relativ neu, denn er wird erst seit 1880 von Ferruccio Biondi-Santi erzeugt. Die Region, in der der Brunello produziert wird, ist sehr klein, ihr Zentrum bildet die winzige Stadt Montalcino. Die Weine selbst sind teuer. Ein Brunello muß mindestens fünf Jahre lagern, viele Sorten sogar noch länger, um seine volle Reife zu erlangen. Jüngst haben Winzer damit begonnen, „Vino Rosso di Montalcino" zu erzeugen, der eine sehr gute Alternative zum Brunello sein kann. Angesichts dieser ernst zu nehmenden Konkurrenz hat die benachbarte Bergstadt Montepulciano ihren traditionellen Rotwein Vino „Nobile di Montepulciano" in den letzten Jahren deutlich verbessert.

Wenngleich die Toskana traditionell mit Rotweinen in Zusammenhang gebracht wird, baut man hier doch auch einige sehr respektable Weißweine an. Am bekanntesten ist wohl „Vernaccia di San Gimignano", der seit mindestens 1286 in der Nähe der mittelalterlichen Stadt San Gimignano angebaut wird. Weitere traditionelle Weißweine sind „Bianco Vergine Valdichiana", „Bianco di Pitigliano", „Montecarlo", „Bianco Pisano di San Torpè" und Weine von der Insel Elba. Heute erzeugen die Winzer außerdem eine Reihe neuer Weißweine, die den modernen Geschmacksrichtungen Rechnung tragen.

Während die großartigen Rotweine in Fässern aus Holz und rostfreiem Stahl in unterirdischen Gewölben lagern, reift der Vin Santo – der berühmteste Dessert-Wein der Toskana – in alten Holzfässern in speziellen Lagern unter dem Dach und wird extremen Temperaturen ausgesetzt. Die Geschmacksrichtungen des Vin Santo reichen von sehr süß bis sehr trocken; gut sind sie alle. Vin Santo wird traditionell zu „Biscottini di Prato" getrunken (s. Rezept S. 108). Weitere Dessert-Weine der Toskana, die man heute jedoch kaum noch bekommt, sind der süße Rotwein Aleatico, der goldene Moscato von der Insel Elba und der Moscadelletto aus Montalcino.

Fagioli con salsicce
Italienische Würstchen mit Bohnen

Die Würstchen drei- oder viermal einstechen, in eine Pfanne mit hohem Rand legen und das heiße Wasser zugießen. Bei starker Hitze 10–12 Minuten garen, dabei häufig wenden. • Das Öl in einer großen Pfanne erhitzen. Den Knoblauch hineingeben und bei schwacher Hitze mit Salbei, Tomaten, Salz und Pfeffer 5 Minuten braten. • Bei mittlerer Hitze weitere 10 Minuten garen. Die Bohnen und Würstchen dazugeben und zugedeckt 15 Minuten garen, gelegentlich umrühren. • Sehr heiß servieren.

Für 4 Personen
Vorbereitungszeit: 5 Minuten +
12 Stunden Einweichzeit bei
getrockneten Bohnen
Garzeit: 40 Minuten + Garzeit für die
Bohnen
Schwierigkeitsgrad: einfach

8 mittelgroße italienische
Schweinswürstchen
125 ml heißes Wasser
75 ml natives Olivenöl extra
2 Knoblauchzehen, fein gehackt
4 frische Salbeiblätter
450 g italienische Tomaten aus der
Dose, abgetropft
Salz
Frisch gemahlener schwarzer Pfeffer
750 g frische Cannellini-Bohnen,
vorgegart, oder 350 g getrocknete
Cannellini-Bohnen, eingeweicht und
vorgegart

Empfohlener Wein: ein trockener
Rotwein (Chianti dei Colli Fiorentini)

Diese Spezialität aus Florenz ist eine eigenständige herzhafte Mahlzeit. Wenn es einmal eilt, verwenden Sie einfach zwei Dosen bester Cannellini-Bohnen.

Seppie in zimino

Tintenfischtopf

Die Tintenfische in kleine Stücke schneiden. • Den Spinat sehr sorgfältig waschen, 10 Minuten in leicht gesalzenem Wasser garen, gut abtropfen lassen, ausdrücken und grob hacken. • Das Öl in einem großen Topf mit schwerem Boden erhitzen, Zwiebel, Knoblauch, Möhren, Sellerie, Petersilie und Chilis 4–5 Minuten darin braten. • Die Tintenfische untermischen. Mit Salz und Pfeffer würzen, den Wein zugießen. Die Flüssigkeit im offenen Topf 5–6 Minuten einkochen lassen. • Den Spinat hinzufügen, weitere 3–4 Minuten garen, dann die Tomaten dazugeben. Falls nötig, mit Salz nachwürzen und alles gut vermischen. 30 Minuten zugedeckt köcheln lassen, hin und wieder umrühren. • Sehr heiß servieren.

Für 4 Personen
Vorbereitungszeit: 25 Minuten
Garzeit: 1 Stunde
Schwierigkeitsgrad: relativ einfach

1 kg kleine Tintenfische, vorbereitet
1 kg frischer Spinat
75 ml natives Olivenöl extra
2 Knoblauchzehen, fein gehackt
1 Zwiebel, fein gehackt
1 kleine Möhre, fein geraspelt
1 kleine Stange Bleichsellerie, in kleine Stücke geschnitten
1½ EL fein gehackte Petersilie
2 getrocknete Chilischoten, zerrieben
125 ml trockener Weißwein
Salz
Frisch gemahlener schwarzer Pfeffer
400 g italienische Tomaten aus der Dose, gehackt

Empfohlener Wein: ein trockener
        Weißwein (Vernaccia di San
                Gimignano)

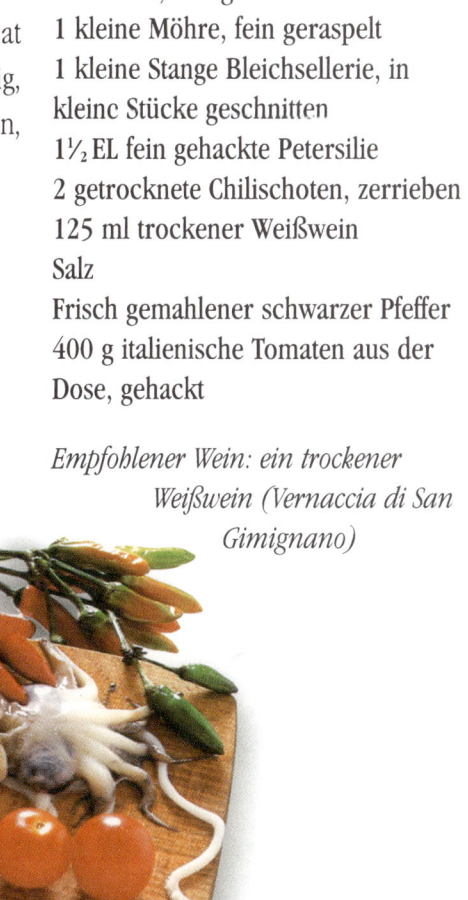

Trippa alla fiorentina
Kutteln Florentiner Art

Die Kutteln sorgfältig unter fließendem kaltem Wasser abspülen. Abtropfen lassen, mit einem sauberen Küchentuch trockentupfen und mit der Küchenschere oder einem sehr scharfen Messer in kleine, dünne Streifen schneiden. • Das Öl in einer ofenfesten Kasserolle mit schwerem Boden erhitzen, Zwiebel, Möhre und Sellerie 5 Minuten darin braten. • Die Kutteln dazugeben und mit Salz und Pfeffer würzen. Unter Rühren 3–4 Minuten garen. • Den Wein dazugießen und bei mittlerer bis starker Hitze im offenen Topf 5–6 Minuten einkochen lassen. • Die Tomaten untermischen, bei Bedarf nachwürzen und 30 Minuten köcheln lassen. Gelegentlich umrühren. • Falls nötig, die Flüssigkeit einige Minuten bei mittlerer Hitze im offenen Topf stärker einkochen lassen. • Sehr heiß servieren, den Käse dazu reichen.

Für 4 Personen
Vorbereitungszeit: 20 Minuten
Garzeit: 45 Minuten
Schwierigkeitsgrad: einfach

1 kg Kutteln vom Kalb, vom Metzger küchenfertig vorbereitet
60 ml natives Olivenöl extra
1 große Zwiebel, fein gehackt
1 große Möhre, fein geraspelt
1 Stange Bleichsellerie, in kleine Stücke geschnitten
Salz
Frisch gemahlener schwarzer Pfeffer
125 ml trockener Weißwein
400 g italienische Tomaten aus der Dose, abgetropft
100 g Parmesan, frisch gerieben

Empfohlener Wein: ein trockener Rotwein (Pomino)

An vielen Ecken in Florenz verkaufen Straßenhändler noch immer Sandwiches mit Kutteln oder Plastikschalen mit dieser schmackhaften Spezialität.

Für 6 Personen
Vorbereitungszeit: 10 Minuten +
2 Stunden zum Marinieren
Garzeit: 1 Stunde
Schwierigkeitsgrad: einfach

1 kg Lammschulter oder -keule
3 Knoblauchzehen, jeweils in 3 Stücke
geschnitten
1 EL frischer, gehackter Rosmarin
125 ml Weißweinessig
Salz
Frisch gemahlener schwarzer Pfeffer
125 ml natives Olivenöl extra

Empfohlener Wein: ein trockener
Rotwein (Brunello di Montalcino)

Agnello al forno
Toskanischer Lammbraten

Mit einem kleinen spitzen Messer in das Fleisch rundum tiefe Schlitze schneiden. In jeden Schlitz jeweils 1 Stück Knoblauch und etwas Rosmarin stecken. ● Den Essig mit Salz, Pfeffer, dem restlichen Rosmarin und dem Öl in einer großen, tiefen Schüssel verrühren. Das Fleisch hineinlegen. ● Das Fleisch 2 Stunden marinieren lassen, dabei mehrmals in der Marinade wenden. ● Den Backofen auf 200 °C (Umluft 180 °C) vorheizen. Das Fleisch in einen Bräter legen, die Marinade darüber gießen und etwa 1 Stunde im Backofen braten (je nachdem, ob das Fleisch in der Mitte zartrosa oder durchgebraten sein soll, die Garzeit entsprechend variieren), regelmäßig mit Bratensaft übergießen. ● Mit Bratkartoffeln servieren.

Für 4 Personen
Dauer der Zubereitung: 20 Minuten
Garzeit: 1¼ Stunden bei Kalbfleisch,
1¾–2 Stunden bei Rindfleisch
Schwierigkeitsgrad: einfach

1 kg Kalbsschulter oder -hachse oder
Rindskamm oder -keule
50 g Mehl
60 ml natives Olivenöl extra
2 Knoblauchzehen, fein gehackt
1 EL frischer, fein gehackter Salbei
1 EL frischer, fein gehackter Rosmarin
4 italienische Tomaten aus der Dose,
abgetropft
Salz
Frisch gemahlener schwarzer Pfeffer
250 ml trockener Rotwein
250 ml Fleischbrühe
(selbst zubereitet oder aus
Brühwürfeln)

Empfohlener Wein: ein
trockener Rotwein (Chianti
Rufina)

**Eine köstliche Beilage zu diesem klassischen
toskanischen Fleischtopf sind „Bauern-
Kartoffeln". Dafür eine in dünne Scheiben
geschnittene Zwiebel in etwas Öl braten.
1 Dose abgetropfte und gehackte Tomaten
sowie 500 g in kleine Stücke geschnittene
Salz- oder Pellkartoffeln hinzufügen.**

Spezzatino toscano

Klassischer toskanischer Fleischtopf

Das Fleisch entbeinen, parieren und in 2,5 cm lange Würfel schneiden. Rundum leicht mit Mehl bestäuben, das überschüssige Mehl abschütteln. • In einem Topf mit schwerem Boden das Öl erhitzen und Knoblauch, Salbei und Rosmarin 3–4 Minuten darin braten. Das Fleisch dazugeben und rundum 5–6 Minuten braun anbraten. • Tomaten, Salz und Pfeffer hinzufügen und weitere 5 Minuten braten. • Den Wein dazugießen, im geschlossenen Topf 1 Stunde (bei Rindfleisch beträgt die Garzeit 1¾ Stunden) köcheln lassen, bis das Fleisch gar ist. Falls nötig, etwas Brühe dazugießen. Bei Bedarf mit Salz abschmecken. • Sehr heiß servieren.

Fegato alla salvia

Kalbsleber mit Salbei

Die Leber leicht mit Mehl bestäuben, das überschüssige Mehl abschütteln. • Das Öl mit dem Knoblauch und Salbei bei mittlerer Stufe in einer Pfanne erhitzen. Wenn das Öl zu zischen beginnt, die Temperatur erhöhen, die Leber hineingeben und schnell braten, damit sie zart wird, dabei einmal wenden. • Die gebräunte Leber mit etwas Salz und Pfeffer würzen und vom Herd nehmen. • Sofort servieren. Dazu Kartoffelbrei oder gegarten oder gedünsteten, kurz im Knoblauch-Öl sautierten Spinat reichen.

Für 4 Personen
Vorbereitungszeit: 5 Minuten
Garzeit: 10 Minuten
Schwierigkeitsgrad: einfach

600 g Kalbsleber, in dünne Scheiben geschnitten
50 g Mehl
60 ml natives Olivenöl extra
3 Knoblauchzehen
6 frische Salbeiblätter
Salz
Frisch gemahlener schwarzer Pfeffer

Empfohlener Wein: ein junger trockener Rotwein (Vino rosso di Montepulciano)

Dieses einfache, aber feine Gericht, das auch als *Fegato alla fiorentina* bekannt ist (Gebratene Kalbsleber Florentiner Art), stammt aus der Hauptstadt der Toskana. Allerdings wird es immer seltener in den Trattorien und Restaurants der Stadt serviert.

Kochkunst im Florenz der Renaissance

Die Renaissance steht für die Wiedergeburt der Künste und die Wiederbelebung der klassischen griechischen und römischen Ideen und Werte. Ausgangspunkt und Inbegriff dieser Epoche ist Florenz, die Hauptstadt der Toskana, wo so viele ihrer größten Künstler lebten und wirkten. Während der Herrschaft der Medici wurde Florenz zum Zentrum des kulturellen und geistigen Lebens in Europa und blieb es mehr als dreihundert Jahre lang. Unter den von den Medici geförderten Künsten nahmen die Kochkunst und „die Kunst der Bewirtung" einen bevorzugten Platz ein. Die Medici und andere Adelsfamilien in Florenz veranstalteten Bankette, bei denen die Gäste unglaubliche Mengen ausgefallener Speisen schlemmten. Ein solches Gelage — bei dem das Paar nicht einmal anwesend war — fand zur Hochzeit von Marie de Medici mit Henri III.

von Frankreich am 5. Oktober 1600 im Palazzo Vecchio statt. Giambologna und Piero Tacca schufen die aufgrund ihrer Vergänglichkeit teuersten Statuen der Geschichte: Sie waren aus Zucker, und allein die Kosten für den Rohstoff beliefen sich auf mehr als 1700 Golddukaten. Emilio de' Cavalieris Musik begleitete das Bankett, das in fünf „Services" oder „Gedecken" aufgetragen wurde: das erste war ein kaltes Büfett mit 24 Gängen, darunter Wildschwein und lebende Fische in Aspik. Das zweite, das als „Küchen-Service" bekannt wurde, umfasste 9 Gänge mit warmen Gerichten, darunter Aufläufe, die die Konditoren mit der Familienkrone verziert hatten. Es folgten zwei weitere warme „Services" mit 18 und 10 Gängen, darunter Wild und verschiedene Fleischspeisen. Das Bankett endete mit einem abschließenden „Service" aus Früchten, Käse und Desserts.

Fleisch und Wild gehörten stets zu den Hauptgerichten, die bei Banketten serviert wurden. Das Fleisch bereitete man gewöhnlich mit einer Vielzahl von Gewürzen und Früchten zu. Die Früchte halfen, den Geschmack des schnell verderbenden Fleisches zu verdecken, das nicht kühl gelagert werden konnte, während Gewürze, die so selten und schwer zu bekommen waren, den Reichtum und die Macht des Gastgebers repräsentierten.

Viele Künstler am Hofe der Medici waren Kenner der feinen Küche. Die Briefe von Bronzino, Pontorno, Andrea del Sarto und Cellini enthalten zahlreiche Hinweise auf Essen und Bankette und zählen die Speisen auf, die die Künstler besonders schätzten: frittierte Artischocken, Eier und Spargel, Lammbraten und Erbsensuppe gehörten zu den vielen erwähnten Gerichten.

Mit Hilfe von Künstlern wie Bernardo Buontalenti wurden die Bankette der Medici zu dem, was zu Recht als „Theater der Wunder" beschrieben werden kann, denn sie waren berühmt für mechanische Vorrichtungen, die ganze Bankett-Tische verschwinden lassen und durch andere, fertig eingedeckt und dekoriert, ersetzen konnten. Berichte über die gestalterische Wirkung, die Buontalenti erzielte, seine künstlichen Gewitter, sein kluger Einsatz von Spiegeln zur Zerstreuung der Gäste, Tische, die in Landschaften mit Wasserläufen und Fontänen verwandelt wurden, und natürlich Feuerwerk, verbreiteten sich überall in Europa.

Ein weiteres Mitglied der Familie – Katharina de' Medici – verließ das heimatliche Florenz mit ihren Rezeptbüchern und einem Gefolge von Köchen, um nach Frankreich zu gehen und dort im Alter von nur vierzehn Jahren Henri de Valois, den künftigen König von Frankreich, zu heiraten. Katharina machte in Frankreich viele Delikatessen aus der Toskana bekannt, zu denen Ente mit süßen Orangen, Crespelle (crêpes), eine frühe Form der mit Olivenöl bereiteten Béchamel-Sauce, die Kunst des Frittierens und die Verwendung von Olivenöl, Spinat, Erbsen und Artischocken gehörten.

Bistecca alla fiorentina
Rindersteak Florentiner Art

Für 2 Personen
Vorbereitungszeit: 1 Minute
Garzeit: 10 Minuten
Schwierigkeitsgrad: einfach

1 großes T-Bone-Steak (800 g) von
einem jungen Ochsen, mindestens
4 cm dick
Frisch gemahlener schwarzer Pfeffer
Salz

*Empfohlener Wein: ein trockener
Rotwein (Chianti Classico Riserva)*

Das Steak von beiden Seiten kräftig mit Pfeffer würzen. • Auf einen Grill 10 cm über
ein durchgeglühtes Holzfeuer legen. • Nach 4–5 Minuten das Steak wenden. Die
gegrillte Seite mit etwas Salz würzen. Das Steak von der anderen Seite grillen und
ebenfalls mit Salz und etwas zusätzlichem Pfeffer würzen. • Die Poren sollten sich
geschlossen haben, das Steak sollte von außen schön gebräunt, innen saftig und noch
blutig sein. • Sofort servieren.

**Für Steak-Liebhaber der höchste
Genuss! In Italien wird das Steak vom
Chianina-Rind, einer Rasse aus der
Toskana, geschnitten und ist
mindestens 6 Tage abgehangen. Von
Kennern wird es mit einer Marinade
aus Olivenöl, Knoblauch und
Rosmarin bestrichen und dann über
einem Holzkohle- oder Holzfeuer
gegrillt und sehr blutig gegessen.
Verlangen Sie in Ihrer Metzgerei ein
gut abgehangenes Steak, das ist
besonders schmackhaft und zart.**

Pollo ai semi di finocchio

Brathähnchen mit Fenchelsamen

Für 4 Personen
Vorbereitungszeit: 20 Minuten
Garzeit: 1 Stunde
Schwierigkeitsgrad: einfach

Das Hähnchen von innen und außen waschen und mit Küchenpapier trockentupfen.
• Speck, Knoblauch, Kräuter und Fenchelsamen mit je 1 kräftigen Prise Salz und Pfeffer vermischen und in die Bauchhöhle des Hähnchens füllen. Mit einer Dressiernadel die Bauchöffnung zunähen. • 40 ml Olivenöl in einen Bräter gießen, das Hähnchen hineinlegen und mit dem restlichen Öl beträufeln. Mit Pfeffer und einer Prise Salz kräftig würzen. • Im vorgeheizten Backofen bei 200 °C (Umluft 180 °C) 1 Stunde braten, das Hähnchen nach 30 Minuten wenden. Das Hähnchen ist gar, sobald heller Saft austritt, wenn man mit dem Messer tief in die Keule einschneidet. • Heiß servieren, dazu frischen gemischten grünen Salat reichen.

1 junges Brathähnchen, küchenfertig (1,5 kg)
100 g magerer Speck (*pancetta*), in kleine Würfel geschnitten
2 Knoblauchzehen, fein gehackt
Je 1 gehäufter TL fein gehackter Salbei und Rosmarin
1 EL fein gehackte Petersilie
1 gestrichener TL Fenchelsamen
Salz
Frisch gemahlener schwarzer Pfeffer
80 ml natives Olivenöl extra

Empfohlener Wein: ein junger trockener Rotwein (Chianti Putto)

Frittata di bietole

Mangoldomelett

Etwas Wasser mit Salz zum Kochen bringen, den Mangold hineingeben und bei mittlerer Hitze 10 Minuten garen. Gut abtropfen lassen, ausdrücken und grob hacken. • Die Eier in eine Schüssel geben, kurz mit der Gabel verrühren und mit Pfeffer und Salz würzen. Käse, Schinkenwürfel und gehackten Mangold nacheinander untermischen. • Das Öl in einer größeren Pfanne bei mittlerer Stufe erhitzen, die Eiermischung hineingeben und 5 Minuten braten, bis die Eier gestockt sind und die Unterseite goldbraun ist. • Um das Omelett zu wenden, einen großen Teller auf die Pfanne legen, stürzen und das Omelett mit der gebräunten Seite nach oben in die Pfanne zurückgleiten lassen. Von der anderen Seite 3–4 Minuten braten. • Das fertige Omelett auf eine vorgewärmte Servierplatte geben. • Sofort servieren, dazu Endiviensalat oder Radicchio reichen.

Für 4 Personen
Dauer der Zubereitung: 5 Minuten
Garzeit: 20 Minuten
Schwierigkeitsgrad: relativ einfach

500 g junger Mangold, vorbereitet und gründlich gewaschen
50 g toskanischer Schinken, fein geschnitten
6 frische große Eier
50 g Parmesan, frisch gerieben
60 ml natives Olivenöl extra
Salz
Frisch gemahlener schwarzer Pfeffer

Empfohlener Wein: ein junger trockener Rosé (Bolgheri)

Für eine ebenso schmackhafte Variante können Sie den Mangold auch durch die gleiche Menge Spinat ersetzen.

Verdure

Wie in jeder regionalen Küche, waren auch die Gemüsegerichte der Toskana eng an die Jahreszeiten und das jeweilige Gemüse der Saison gebunden. Der Frühling war die Zeit der Kichererbsen und des Pecorino, der Sommer das Paradies der Gemüseliebhaber, wenn Zucchini, Paprika, Auberginen, Tomaten, grüne Bohnen, Erbsen und vieles mehr auf den Tisch kamen. Im Herbst und Winter standen Artischocken, Fenchel und getrocknete Bohnen im Vordergrund. Das hat sich jedoch in den letzten zehn Jahren geändert, denn nun kann man die Gemüsesorten das ganze Jahr hindurch kaufen.

Fagiolini alla fiorentina

Grüne Bohnen Florentiner Art

Wasser mit Salz in einem Topf zum Kochen bringen. Die Bohnen hineingeben und garen, bis sie weich, aber noch bissfest sind. Abtropfen lassen, beiseite stellen. • Das Öl in einer Pfanne bei mittlerer Stufe erhitzen, Knoblauch und Zwiebel 3–4 Minuten darin braten. • Fenchelsamen, Tomaten und Salz nach Geschmack dazugeben und 3–4 Minuten köcheln lassen. Die gegarten Bohnen hinzufügen. • Mit Pfeffer würzen, alles sorgfältig vermischen und 12 Minuten zugedeckt garen. Wird das Gericht beim Garen zu trocken, etwas Wasser nachgießen. • Heiß servieren.

Für 4 Personen
Vorbereitungszeit: 15 Minuten
Garzeit: 35 Minuten
Schwierigkeitsgrad: einfach

600 g grüne Bohnen, gewaschen, die Enden abgeschnitten
60 ml natives Olivenöl extra
1 Knoblauchzehe, fein gehackt
1 Zwiebel oder Schalotte, in sehr dünne Scheiben geschnitten
1 TL zerstoßenen Fenchelsamen
2 große reife Tomaten, enthäutet, entkernt, in Würfel geschnitten
Salz
Frisch gemahlener schwarzer Pfeffer
1–2 EL heißes Wasser

Empfohlener Wein: ein leichter trockener Weißwein (Bianco Pisano di San Thorpé)

Stufato di fave

Bohneneintopf

Für 4 Personen
Vorbereitungszeit: 15 Minuten
Garzeit: 30 Minuten
Schwierigkeitsgrad: einfach

500 g frisch gepalte Dicke Bohnen
(ca. 2 kg Dicke Bohnen mit Hülsen)
60 ml natives Olivenöl extra
100 g magerer Speck (*pancetta*),
klein gewürfelt
2 Knoblauchzehen, zerdrückt
1 Zwiebel, in dünne Scheiben
geschnitten
1½ EL fein gehackte Petersilie
Salz
Frisch gemahlener schwarzer Pfeffer
250 ml heiße Hühner- oder
Gemüsebrühe (selbst zubereitet oder
aus Brühwürfeln)

Empfohlener Wein: ein
trockener
Weißwein
(Vernaccia
di San
Gimignano)

Die Bohnen in einer Schüssel mit kaltem Wasser bedecken, damit die Haut nicht hart wird. ● Das Öl in einer Pfanne mit hohem Rand erhitzen. Speck, Knoblauch und Zwiebel 5–6 Minuten bei mittlerer Hitze darin braten. ● Den Knoblauch entfernen, die abgetropften Bohnen, Petersilie, Salz, Pfeffer und Brühe hinzufügen. Zugedeckt bei mittlerer Hitze 20 Minuten köcheln lassen, bzw. bis die Bohnen weich sind. ● Überschüssige Brühe bei starker Hitze und ohne Deckel einkochen lassen. ● Heiß servieren.

Mit tiefgefrorenen Bohnen gelingt dieser
Eintopf ebenso gut.

Fiori di zucca fritti

Frittierte Zucchiniblüten

Die einzelnen Zucchiniblüten von Stempel (den hellgelben Fruchtknoten in der Mitte) und Kelch (die grünen Blättchen an der Basis) befreien, kurz abspülen und vorsichtig mit Küchenpapier trockentupfen. • Das Mehl in eine Rührschüssel sieben, eine Mulde in die Mitte drücken und Salz sowie jeweils 1 EL Öl und Wasser hineingeben. • Nach und nach mit dem Mehl vermischen, dabei Wasser hinzufügen, dass ein dickflüssiger Teig entsteht, der an den Blüten haften bleibt • Das Öl in einer großen Pfanne stark erhitzen. • Jeweils 4–6 Blüten in den Teig tauchen und im heißen Öl so lange braten, bis sie goldgelb sind. Auf Küchenpapier abtropfen lassen. Die restlichen Blüten auf die gleiche Weise frittieren. • Sofort servieren.

Für 4 Personen
Vorbereitungszeit: 10 Minuten
Garzeit: 25 Minuten
Schwierigkeitsgrad: relativ einfach

400 g sehr frische Zucchiniblüten
100 g Mehl
½ TL Salz
1 EL natives Olivenöl extra, zusätzlich
200 ml Olivenöl zum Braten
Kaltes Wasser

Empfohlener Wein: ein trockener
Weißwein (Elba Bianco)

Sie können das Wasser durch die gleiche Menge Bier ersetzen. Der Teig wird dann knuspriger und bekommt einen besonderen Geschmack.

Carciofi ripieni
Gefüllte Artischocken

Für 4 Personen
Vorbereitungszeit: 15 Minuten
Garzeit: 30 Minuten
Schwierigkeitsgrad: relativ einfach

8 sehr junge Artischocken
Frisch gepresster Saft 1 Zitrone
1 Knoblauchzehe, fein gehackt
1½ EL fein gehackte Petersilie
100 g magerer Speck (*pancetta*), in
kleine Würfel geschnitten
50 g frische feine Semmelbrösel
2 EL natives Olivenöl extra
Frisch gemahlener schwarzer Pfeffer
Salz

Empfohlener Wein: ein trockener
Weißwein (Montecarlo Bianco)

Den oberen Teil der Artischocken abschneiden und die harten äußeren Blätter entfernen. Den Stiel direkt unter dem Blütenkopf abschneiden, so dass die Artischocken von selbst stehen. Die Stiele schälen und mit den Artischocken und dem Zitronensaft in eine Schüssel mit kaltem Wasser geben. 10–15 Minuten stehen lassen. • Die Stiele in sehr kleine Stücke schneiden und zusammen mit Knoblauch, Petersilie, Speck und Semmelbröseln in eine Schale geben. 2 EL Öl hinzufügen und alles gut vermischen und mit Salz und Pfeffer würzen. • Die Artischocken abtropfen lassen und mit Küchenpapier trockentupfen. • Die Blätter der Artischocken auseinander drücken und jeweils etwas Semmelbröselmischung innen auf die Artischockenböden geben. • Die Artischocken in einen Topf setzen, den sie ganz ausfüllen sollten. So viel Wasser zugießen, dass sie bis zur Hälfte bedeckt sind. • Das Wasser langsam zum Kochen bringen und zugedeckt 25–30 Minuten köcheln lassen. Die Artischocken sind gar, wenn auch die äußersten Blätter weich sind. • Im offenen Topf stark erhitzen, bis die Garflüssigkeit verdampft ist. • Heiß, warm oder kalt servieren.

Fagioli in fiasco

Bohnen in der Flasche

Die Bohnen in eine Flasche füllen, Öl, Knoblauch, Salbei und Tomaten hinzufügen.
● Die Flasche fest verkorken und mit dem Bauch in die nur noch schwache Glut eines Holzfeuers setzen. Die Bohnen mehrere Stunden garen. (Die Flaschen wurden traditionell am späten Abend in das verglimmende Holzfeuer gestellt, und am Morgen waren die Bohnen gar). Die Bohnen aus der Flasche schütten, Knoblauch und Salbei wegwerfen. Mit etwas Öl beträufeln, mit Salz und frisch gemahlenem schwarzem Pfeffer würzen und servieren.

Für 4 Personen
Vorbereitungszeit: 10 Minuten
Garzeit: 3 Stunden
Schwierigkeitsgrad: einfach

750 g frisch gepalte Cannellini-Bohnen oder 350 g getrocknete Cannellini-Bohnen, 12 Stunden eingeweicht
250 ml Olivenöl, zusätzlich Olivenöl
2 Knoblauchzehen
4 frische Salbeiblätter
2 Kirschtomaten, mit einer Gabel in die Haut eingestochen
Salz
Frisch gemahlener schwarzer Pfeffer

Empfohlener Wein: ein junger trockener Rotwein (Chianti dei Colli Fiorentini)

Dieses traditionelle Florentiner Rezept bietet ein abenteuerliches Kochvergnügen. Sie benötigen eine leere, mit Stroh umwickelte bauchige Weinflasche und den Korken dazu. Das Stroh wird entfernt, und die Glasflasche mit den Bohnen gefüllt. Bei der „modernisierten" Variante dieses Rezeptes gart man die Bohnen in einem speziellen Tongefäß, wie es hier zu sehen ist. Denken Sie daran, dass das Gefäß nur in die verglimmende Glut gestellt werden darf. Setzt man es in die Flammen, kann es leicht explodieren.

Festtage - eine Tradition bewahren

Die Bewohner der Toskana suchen immer nach einem guten Grund, um ein Fest zu feiern. Die Feste auf dem Lande, die *sagre*, sind oft sehr alten, heidnischen Ursprungs und werden meist begangen, um der Natur für ihre Gaben zu danken. Christliche Feste, bei denen beispielsweise der Namenspatron oder Schutzheilige des Ortes gewürdigt wird, finden ebenso statt wie Veranstaltungen zum Gedenken an wichtige politische oder lokale Ereignisse. Zu jedem dieser Feste gehört eine Auswahl ganz typischer Speisen. In der Toskana heißt Weihnachten kurz *ceppo*, ähnlich dem englischen „Yuletide": Beide Namen beziehen sich auf den Brauch, ein großes Holzscheit – das Weihnachtsscheit – am Weihnachtsabend zu verbrennen, wenn in der Küche die Vorbereitungen für den Kapaun als Hauptgang des Festtagsessens am nächsten Tag beginnen.

Der zweimal jährlich im Juni und August stattfindende Palio ist das berühmteste Ereignis in Siena. Doch auch die Weihnachtszeit mit ihren vielen Spezialitäten ist etwas Besonderes. Sie reichen von dem legendären „Panforte" nach dem jahrhundertealten Rezept mit kandierten Früchten, Mandeln, Honig, Zucker und Gewürzen (s. Rezept S. 114) über „Cavallucci" (s. Rezept S. 117) aus Honig, Zucker, Mehl, kandierten Früchten und Pfeffer, die so heißen, weil man sie den Stallburschen (cavallari) aus den Landgasthäusern schenkte, bis zu „Riccarelli" (s. Rezept S. 116), einem weiteren sehr alten Rezept für halbmondförmiges Konfekt aus Mandeln und Zucker.

Zu Berlingaccio (Faschingsdienstag, der letzte Tag vor der Fastenzeit), der gleichermaßen für maßloses Schwelgen und die Buße am folgenden Aschermittwoch steht, war es üblich, ein gemästetes Schwein zu schlachten. Dadurch wurde nicht nur die Speisekammer der Familie um ein paar schöne Stücke Fleisch bereichert, sondern auch eine gute Grundlage für den Festtag geschaffen: Blutwurst und Schweinefett für die Zubereitung von „Cenci" (s. S. 112), die traditionellen Florentiner Süßspeisen in der Karnevalszeit.

Das ganze Jahr über, vor allem aber in den Sommermonaten, feiern die toskanischen Dörfer und die auf den Bergen gelegenen Städte historische Ereignisse und Bräuche mit Umzügen, mittelalterlichem Fahnen-Schwenken, Bogenschießen oder Turnieren sowie mit zahlreichen Speisen und Weinfesten. Unvergesslich bleibt ein Spaziergang durch ein mittelalterliches Dorf wie San Quirico d'Orcia in einer Sommernacht, wenn sich der ganze Ort um eine Tafel an der Hauptstraße versammelt hat, um zu feiern.

Am Neujahrstag und am Dreikönigstag bäckt man in Viareggio kleine Hexen aus Mehl, Eiern, Zucker, Anis, Milch und Rum. Der süße Teig wird dünn ausgerollt und mit speziellen Formen ausgestochen, die eine freundliche alte Hexe (la Befana) aus dem Brauchtum dieser Jahreszeit darstellen.

Für 4 Personen
Vorbereitungszeit: 30 Minuten +
Zubereitungszeit für die Fleischsauce
Garzeit: 45 Minuten
Schwierigkeitsgrad: mittelschwer

1 Portion Fleischsauce (s. Rezept
S. 53)
2 junge Stauden Bleichsellerie,
gewaschen
150 g Hühnerleber
30 g Butter
200 ml natives Olivenöl extra
1 Zwiebel, fein gehackt
1 Knoblauchzehe, fein gehackt
150 g toskanischer Schinken, in kleine
Würfel geschnitten
200 g mageres Kalbfleisch, durch den
Wolf gedreht
Salz
Frisch gemahlener schwarzer Pfeffer
125 ml trockener Weißwein
50 g Mehl
2 Eier, verquirlt
90 g Semmelbrösel
125 g Parmesan, frisch gerieben

Empfohlener Wein: ein trockener
fruchtiger Rotwein (Chianti
Mantalbano)

Sedani alla pratese

Gefüllte Selleriestangen

Die Fleischsauce zubereiten. • Die Selleriestangen trennen und in einem großen Topf mit gesalzenem Wasser 5 Minuten garen. Abtropfen und abkühlen lassen. • Die Leber von Bindegewebe, Sehnen und Adern befreien und fein hacken. • Die Butter und 2 EL Öl in einer Pfanne erhitzen. Sobald sie zu schäumen beginnt, Zwiebel und Knoblauch 3–4 Minuten darin braten. • Leber und Schinkenwürfel dazugeben, einige Minuten mitbraten, dann das Kalbfleisch hinzufügen, entstehende Klümpchen sofort zerdrücken. • Mit Salz und Pfeffer würzen, umrühren und 4–5 Minuten braten. • Den Wein zugießen und alles zugedeckt bei schwacher Hitze 20 Minuten garen. • Die Selleriestangen in 8 cm lange Stücke schneiden, flachdrücken und jeweils um etwas Lebermasse „rollen". • Die Selleriestücke mit Mehl bestäuben, in die verquirlten Eier tauchen und in den Semmelbröseln wenden. • Das Öl in einer großen Pfanne erhitzen, 3–4 Stangen hineingeben und rundum goldgelb frittieren. Auf Küchenpapier abtropfen lassen. Mit den restlichen Selleriestangen ebenso verfahren, bis alle frittiert sind. • In eine ofenfeste Form eine Schicht Selleriestangen legen, etwas Fleischsauce und eventuell übrigbehaltene Füllmasse darübergeben, mit etwas Käse bestreuen. Den Vorgang wiederholen, bis alles aufgebraucht ist. Mit Käse abschließen. • Im vorgeheizten Ofen bei 220 °C (Umluft 200 °C) backen, bis der Käse goldgelb ist. • Sofort servieren.

Tortino di carciofi

Artischockenomelett

Für 4 Personen
Vorbereitungszeit: 10 Minuten
Garzeit: 15 Minuten
Schwierigkeitsgrad: relativ einfach

8 sehr junge Artischocken oder
16 Artischockenherzen aus dem Glas
Frisch gepresster Saft von 1 Zitrone
50 g Mehl
125 ml natives Olivenöl extra
5 frische große Eier
Salz
Frisch gemahlener schwarzer Pfeffer

Empfohlener Wein: ein junger trockener Weißwein (Bianco Vergine Valdichiana)

Bei Verwendung frischer Artischocken den oberen Teil abschneiden und die harten äußeren Blätter entfernen. Den Stiel bis auf 2 cm unter dem Blütenkopf abschneiden. Die Artischocken waschen, vierteln und für 10–15 Minuten in eine Schale mit kaltem Wasser und dem Zitronensaft legen, damit sie sich nicht verfärben • Abgießen und trockentupfen. • Die Artischockenviertel oder die aufgetauten Herzen mit Mehl bestäuben, das überschüssige Mehl abschütteln. • 2 EL zurückbehalten, das restliche Öl in einer großen Pfanne stark erhitzen. • Die Artischocken hineingeben und 8 Minuten frittieren, dabei mehrfach wenden, so dass sie gleichmäßig garen. Sobald sie hellbraun sind, auf Küchenpapier abtropfen lassen. • Das Frittieröl weggießen und die 2 EL Öl in die Pfanne geben. Die Artischocken hineinsetzen und die Hitze reduzieren. • Die Eier mit Salz und Pfeffer verquirlen und über die Artischocken gießen. 4–5 Minuten von einer Seite braten. • Das Omelett vorsichtig wenden und weitere 4 Minuten garen. Es sollte auf beiden Seiten fest und goldbraun sein. • Auf einen vorgewärmten Servierteller gleiten lassen und heiß servieren.

Wenn Sie keine kleinen, sehr frischen Artischocken bekommen können, nehmen Sie Artischockenherzen aus dem Glas.

Piselli alla Monteaperti

Erbsen mit Speck, Knoblauch und Wein

Werden frische Erbsen verwendet, diese in einem Sieb unter fließendem kaltem Wasser abspülen. • Das Öl in einer Pfanne erhitzen und Zwiebel oder Schalotte, Knoblauch, Petersilie und Speck bei mittlerer Hitze darin 2 Minuten braten. • Die Erbsen hineingeben, mit Salz und Pfeffer würzen und alles vermischen. • Den Wein dazugießen, zugedeckt 15–20 Minuten köcheln lassen, hin und wieder umrühren. Bei Bedarf etwas Brühe dazugießen. • Heiß servieren.

Für 4 Personen
Vorbereitungszeit: 10 Minuten + Zeit
zum Palen der Erbsen
Garzeit: 25 Minuten
Schwierigkeitsgrad: einfach

600 g gepalte frische Erbsen oder Tiefkühlerbsen
60 ml natives Olivenöl extra
1 kleine weiße Zwiebel oder Schalotte, in sehr dünne Scheiben geschnitten
1 Knoblauchzehe, fein gehackt
1 EL fein gehackte Petersilie
125 g magerer Speck (*pancetta*), in Würfel geschnitten
Salz
Frisch gemahlener schwarzer Pfeffer
125 ml trockener Weißwein
100 ml Gemüsebrühe (selbst zubereitet oder aus Brühwürfeln)

Empfohlener Wein: ein junger, trockener leicht perlender Rotwein (Vino Novello)

Funghi trifolati
Pilztopf

Für 4 Personen
Vorbereitungszeit: 10 Minuten
Garzeit: 30 Minuten
Schwierigkeitsgrad: einfach

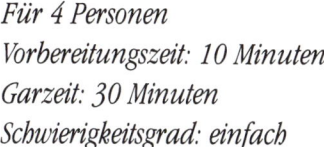

Die Stielenden der Pilze abschneiden, Schmutz und Sand abbürsten. Die Pilze kurz unter fließendem kaltem Wasser abspülen. Mit Küchentüchern trockentupfen. • Die Hüte in dünne Streifen schneiden, die Stiele würfeln. • Das Öl in einer Pfanne heiß werden lassen. Knoblauch und Minze 3–4 Minuten bei schwacher Hitze darin braten. Sobald der Knoblauch leicht braun wird, die gewürfelten Pilzstiele dazugeben. Mit Salz und Pfeffer würzen und 5 Minuten braten. • Die zerkleinerten Hüte hinzufügen und alles weitere 5 Minuten braten. Bei Bedarf heißes Wasser zugießen, damit die Pilze feucht bleiben. • Zuletzt das Tomatenmark unterrühren und nach Geschmack nachwürzen. • Den Pilztopf 10–12 Minuten köcheln lassen. • Heiß servieren.

1 kg frische Steinpilze
60 ml natives Olivenöl extra
3 Knoblauchzehen
1 frischer Minzezweig (ersatzweise Petersilie oder Thymian)
Frisch gemahlener schwarzer Pfeffer
Salz
1–2 EL heißes Wasser
200 ml Tomatenmark

Empfohlener Wein: ein trockener Weißwein (Vernaccia di San Gimignano)

Statt der Steinpilze eignen sich auch viele andere Wildpilze für dieses Rezept. Dabei können die Garzeiten je nach Pilzart variieren. Wenn Sie einen intensiveren Pilzgeschmack bevorzugen, lassen Sie das Tomatenmark weg. Unser Pilztopf ist eine köstliche Beilage und eine wunderbare Sauce für frische Pasta.

Cipolle alla grossetana
Gefüllte Zwiebeln

Für 4 Personen
Vorbereitungszeit: 25 Minuten
Garzeit: 1 Stunde
Schwierigkeitsgrad: relativ einfach

8 große weiße oder gelbe
Gemüsezwiebeln

25 g getrocknete Steinpilze, in 125 ml
warmem Wasser eingeweicht

2 EL natives Olivenöl extra

125 g mageres Kalbfleisch, durch den
Wolf gedreht

1 frische italienische Schweinswurst,
die Haut abgezogen

1 Ei

1 EL gehackte, frische Petersilie
Frisch gemahlener schwarzer Pfeffer
Salz
Frisch geriebene Muskatnuß

30 g Butter

100 ml Rinder- oder Gemüsebrühe
(selbst zubereitet oder aus
Brühwürfeln)

Empfohlener Wein: ein junger
trockener Rotwein (Chianti Classico)

Beide Enden der Zwiebeln abschneiden, die Zwiebeln in einen Topf legen und mit kochend heißem, gesalzenem Wasser bedecken. Aufkochen und bei starker Hitze 10 Minuten garen. Die Zwiebeln abgießen. • Das Innere der Zwiebel herausdrücken. Die 2–3 äußeren Schalen unversehrt lassen, damit sie gefüllt werden können. Beiseite stellen. • Das Innere der Zwiebeln fein hacken. • Die eingeweichten Pilze gut abtropfen lassen, die Einweichflüssigkeit durch ein feines Sieb geben und beiseite stellen. • Die Pilze fein hacken. Das Öl in einer kleinen Pfanne erhitzen und die Pilze 3 Minuten darin braten. • Kalbfleisch und Wurstmasse dazugeben, mit einer Gabel entstehende Klümpchen zerdrücken. 10 Minuten garen, bei Bedarf das aufgefangene Pilzwasser zugießen. • Die gehackte Zwiebel, das Ei, Petersilie, Salz, Pfeffer und Muskat in einer großen Schüssel mit der abgekühlten Fleischmischung verrühren. Die Mischung gut verrühren und die Zwiebel damit füllen. • Eine große flache Auflaufform mit der Butter einfetten, die Zwiebeln hineinsetzen und etwas Brühe darüber gießen. Im vorgeheizten Backofen 30 Minuten bei 200 °C (Umluft 180 °C) backen, bei Bedarf Brühe nachgießen. • Heiß servieren.

Dolci

So wie es der toskanischen Küchentradition und dem toskanischen Temperament entspricht, sind auch die süßen Spezialitäten einfach und eng mit den natürlichen Erzeugnissen der Region verbunden. Honig, Haselnüsse, Mandeln, Weintrauben, Rosinen, Rosmarin und Walnüsse sind die typischen Bestandteile. „Stilvolle Einfachheit" ist vielleicht die beste Beschreibung für ein Dessert der Toskana. Für einen herrlichen Ausklang eines Menüs aus drei oder vier Gängen probieren Sie einmal ein Glas *Vin Santo* und ein paar Stück Mandelgebäck zum Eintauchen, die Sie langsam auf der Zunge zergehen lassen.

Zuccotto

Eiscreme-Dessert

Den Kuchen in 8–12 dreieckige 2 cm dicke Stücke schneiden. • Die Kuchenstücke von beiden Seiten mit Cointreau oder Rum beträufeln und eine Form (Fassungsvolumen 1½ l) damit auslegen. • Die süße Sahne schlagen und kurz bevor sie steif ist, den Zucker hinzufügen. Die geraspelte Schokolade, Mandeln und kandierten Früchte unterheben. • Die Hälfte der Mischung in eine separate Schüssel geben. • Die gehackte Schokolade im Wasserbad schmelzen und vorsichtig unter eine Portion der Sahnemischung heben. • Die helle Sahnemischung über den Kuchen in der Form verteilen. Mit Folie abdecken und 10–15 Minuten in das Gefrierfach stellen. • Die Schokoladensahne über die erste Sahneschicht in die Form füllen. • Mit Folie abgedeckt 3–4 Stunden gefrieren lassen. • Vor dem Servieren die Form kurz in heißes Wasser tauchen und das Dessert auf eine Platte stürzen.

Für 4 Personen
Vorbereitungszeit: 15 Minuten +
3–4 Stunden zum Gefrieren
Schwierigkeitsgrad: relativ einfach

375 g Madeira-Sandkuchen, fertig gekauft
125 ml Cointreau oder Rum
500 ml süße Sahne
50 g Puderzucker
50 g Zartbitterschokolade, geraspelt
30 g Mandeln, geschält, fein gehackt
50 g Zitronat oder Orangeat
75 g Zartbitterschokolade, grob gehackt

Empfohlener Wein: ein trockener perlender Weißwein (Vernaccia di San Gimignano spumante)

Frittelle di riso

Zitronenreis-Fritters

Den Reis 1 Stunde in der Milch garen, bis die Körner fast zerfallen. • Die Butter in diese sehr dicke Masse rühren. Vom Herd nehmen. • Den Zucker und die abgeriebene Zitronenschale dazugeben, die Eier einzeln unterrühren, dann Salz, Mehl, Sultaninen und Rum hinzufügen. Alles gründlich vermischen und für 1 Stunde in den Kühlschrank stellen. • Das Öl in einer Pfanne stark erhitzen. Eine kleine Portion von der Reismasse in die Pfanne geben. Bilden sich ringsum sofort Blasen, ist das Öl heiß genug. • Die Masse nach und nach esslöffelweise in das Öl geben und in insgesamt etwa 4 Minuten rundum goldbraun frittieren. • Die fertigen Fritters auf Küchenpapier abtropfen lassen. Mit dem Zucker bestäuben, auf eine vorgewärmte Servierplatte gleiten lassen und sofort servieren.

Für 4–6 Personen
Vorbereitungszeit: 1½ Stunden
Garzeit: 1¼ Stunden
Schwierigkeitsgrad: relativ einfach

200 g Rundkornreis (Milchreis) oder Klebreis
500 ml Vollmilch
1 EL Butter
3 EL grober Zucker
Abgeriebene Schale von
½ unbehandelten Zitrone oder Orange
2 Eier
1 Prise Salz
50 g Mehl
50 g Sultaninen, 15 Minuten in warmem Wasser eingeweicht, abgetropft und ausgepresst
50 ml Rum
200 ml Olivenöl zum Frittieren
100 g Puderzucker

Empfohlener Wein: ein Dessertwein, medium oder trocken (Vin Santo)

Diese leckeren Reishappen kommen ursprünglich aus Siena, wo sie am St.-Josephs-Tag (19. März) gegessen werden.

Schiacciata con l'uva
Süßes Fladenbrot mit dunklen Trauben

Für 6 Personen
Vorbereitungszeit: 2½ Stunden
Backzeit: 30 Minuten
Schwierigkeitsgrad: relativ einfach

15 g frische Hefe oder
1½ Päckchen Trockenhefe
100 ml lauwarmes Wasser
250 g Mehl oder Weizenvollkornmehl,
zusätzlich 50 g Mehl zum Kneten
½ TL Salz
100 ml natives Olivenöl extra
150 g extrafeiner Zucker
Salz
1 kg reife, dunkle Weintrauben,
entkernt

Empfohlener Wein: ein leicht süßer
perlender Weißwein (Moscadello
di Montalcino)

Die Hefe im Wasser auflösen und für 15 Minuten beiseite stellen. • Mehl und Salz in eine große Rührschüssel sieben, in die Mitte eine Mulde drücken und die Hefeflüssigkeit hineingießen. Nach und nach mit dem Mehl vom Rand vermischen. • Auf eine bemehlte Arbeitsfläche geben und kurz durchkneten. • Den Teig zu einer Kugel formen, mit einem sauberen Küchentuch bedecken. 1 Stunde an einem warmen Ort gehen lassen. • Nochmals durchkneten. Nach und nach 75 ml Öl, 50 g Zucker und etwas Salz unter den Teig arbeiten. • Eine Kugel formen, mit einem Tuch bedecken und eine weitere Stunde gehen lassen. • Den Teig in zwei Hälften teilen und auf einer bemehlten Fläche zu zwei runden Teigplatten von 25 cm Durchmesser ausrollen. • Ein Backblech mit dem restlichen Öl einfetten und eine der Teigplatten darauf legen. Die Hälfte der Weintrauben vorsichtig in den Teig drücken und mit 50 g Zucker bestreuen. Mit der zweiten Teigplatte bedecken. • Die restlichen Weintrauben auf der zweiten Platte verteilen und mit dem übrigen Zucker bestreuen. Das Fladenbrot 1 Stunde in einem warmen Raum gehen lassen, dann 30 Minuten im vorgeheizten Backofen bei 190 °C (Umluft 170 °C) backen. • Warm oder kalt servieren.

Dieses köstliche süße Fladenbrot kommt mit
Beginn der Traubenernte im August in die Bäckereien
und Konditoreien.

Pan di ramerino
Rosmarinbrötchen

Ergibt 6 Rosmarinbrötchen
Vorbereitungszeit: 1 Stunde
Backzeit: 20 Minuten
Schwierigkeitsgrad: einfach

15 g frische Hefe
150 ml lauwarmes Wasser
1 kleiner frischer Rosmarinzweig,
gewaschen und trockengeschwenkt
60 ml natives Olivenöl extra
350 g ungebleichtes oder Vollkorn-
weizenmehl, zusätzlich 50 g Mehl zum
Kneten
50 g Zucker
1 TL Salz
100 g getrocknete Muskat-Trauben
ohne Kerne oder Sultaninen,
gewaschen
1 Ei, leicht verquirlt

Empfohlener Wein: ein leicht süßer
perlender Weißwein (Moscadello
di Montalcino)

Diese süßen Brötchen werden nach
einem alten florentinischen Rezept
zubereitet. Man aß sie traditionell
zu Ostern. Bäcker bauten ihre
Stände vor den Kirchen auf und
verkauften die Brötchen an die
Kirchenbesucher auf dem
Heimweg. Es galt als Sakrileg,
auch nur das kleinste Krümelchen
zu vergeuden!

Die Hefe in dem warmen Wasser auflösen und für 15 Minuten stehen lassen. • Die Blätter von dem Rosmarinzweig abzupfen, die kleineren beiseite stellen. • Die größeren Blätter und das Öl in einen kleinen Topf geben und 5 Minuten schwach erhitzen. • Das Öl durch ein feines Sieb in eine kleine Schale abseihen, die Rosmarinblätter entfernen. • Das Mehl in eine große Rührschüssel sieben, in die Mitte eine Mulde drücken und die flüssige Hefe hineingießen. Nach und nach Mehl, Hefe, Zucker, das mit Rosmarin aromatisierte Öl und Salz zu einem Teig verarbeiten. • Den Teig auf einer bemehlten Arbeitsfläche gut durchkneten. • Eine Kugel formen, in eine große Schüssel legen und mit einem sauberen Tuch bedecken. 1 Stunde gehen lassen. • Die Trauben zusammen mit den beiseite gestellten Rosmarinblättern gleichmäßig unter den aufgegangenen Teig kneten. • Den Teig in 6 Stücke teilen, zu Kugeln formen und etwas flach drücken. • Auf ein leicht gefettetes Backblech setzen, mit dem verquirlten Ei bepinseln und jeweils ein Kreuz in die Mitte ritzen. Nochmals 30 Minuten gehen lassen. • Im vorgeheizten Backofen 20 Minuten bei 200 °C (Umluft 180 °C) backen.

Castagnaccio
Maronenpudding

Das Mehl in eine Rührschüssel sieben, in die Mitte eine Mulde drücken und das Wasser, 1 EL Öl und Salz hineingeben. Alles zu einem glatten, dickflüssigen Teig verarbeiten. • Die abgetropften Sultaninen und die Pinienkerne untermischen. Eine Ringform (Durchmesser 20 cm) mit 2 EL Öl einfetten und den Teig hineinfüllen. Die Rosmarinblätter darüber streuen, mit dem restlichen Öl beträufeln.• Den Maronenpudding im vorgeheizten Ofen 30 Minuten bei 200 °C (Umluft 180 °C) backen, bis eine dünne, knusprige Kruste entstanden ist. • Heiß oder in Zimmertemperatur servieren.

Für 4 Personen
Vorbereitungszeit: 15 Minuten
Backzeit: 30 Minuten
Schwierigkeitsgrad: einfach

300 g Kastanienmehl
375 ml Wasser
100 ml natives Olivenöl extra
1 Prise Salz
100 g kleine Sultaninen, 15 Minuten in warmem Wasser eingeweicht, abgetropft und ausgedrückt
50 g Pinienkerne
Einige junge, zarte Rosmarinblätter

Empfohlener Wein: ein trockener Dessertwein (Vin Santo)

Nehmen Sie eine größere Form, wenn Sie Ihren Castagnaccio dünner und knuspriger bevorzugen. In einer kleineren Form wird der Pudding cremiger und zarter unter der Kruste.

Biscottini di Prato
Prato-Kekse

Für 6 Personen
Vorbereitungszeit: 15 Minuten
Backzeit: 35 Minuten
Schwierigkeitsgrad: einfach

250 g süße Mandeln, ungeschält
4 Eigelb
500 g Zucker
500 g Mehl, zusätzlich 30 g Mehl
zum Kneten
1 Prise Salz
1 EL Butter

Empfohlener Wein: ein Dessertwein,
süß, medium oder trocken (Vin Santo)

Die Mandeln auf einem Backblech verteilen und 4–5 Minuten bei 200 °C (Umluft 180 °C) im Backofen rösten. Die abgekühlten Mandeln schälen und fein hacken. ● Eigelb und Zucker in einer Rührschüssel schaumig schlagen. ● Mehl, Mandeln und Salz nach und nach mit einer Gabel, dann von Hand untermischen. ● Die Mischung schnell, aber kräftig auf einer bemehlten Arbeitsfläche durchkneten. ● Den Teig zu langen Rollen von 4 cm Durchmesser formen. ● Die Teigrollen auf ein gefettetes, bemehltes Backblech legen. Im vorgeheizten Backofen 25 Minuten bei 190 °C (Umluft 170 °C) backen. ● Aus dem Ofen nehmen, die Temperatur auf 200 °C (Umluft 180 °C) erhöhen. ● Die Rollen diagonal in 1 cm dicke Stücke schneiden. Auf dem Backblech verteilen und noch einmal für 10 Minuten in den Backofen stellen, bis sie einen hellen Goldton angenommen haben.

Damit das Gebäck schön knusprig und aromatisch wird, müssen die Mandeln unbedingt vorher geröstet werden. Dazu reichen Sie ein Glas Vin Santo zum Eintauchen.

Brutti ma buoni

Mandelplätzchen

In einer Schüssel mit hohem Rand das Eiweiß mit einem Handrührgerät nicht zu steif schlagen. • Die gemahlenen Mandeln und den Zucker vorsichtig unterheben. • In eine große hitzebeständige Schüssel füllen und auf einen Topf mit siedendem Wasser setzen. Zugedeckt 20 Minuten garen. • Mit einem Esslöffel walnussgroße Stücke abstechen und auf einem leicht gefetteten, bemehlten Backblech verteilen. • Im vorgeheizten Backofen 45 Minuten bei 180 °C (Umluft 160 °C) backen, bis die Plätzchen goldgelb sind. • Vor dem Servieren auskühlen lassen.

Für 6 Personen
Vorbereitungszeit: 15 Minuten
Garzeit: 20 Minuten + 45 Minuten
Backzeit
Schwierigkeitsgrad: einfach

6 Eiweiß
600 g gemahlene Mandeln
500 g extrafeiner Zucker
1 EL Butter
30 g Mehl für das Backblech

Empfohlener Wein: ein Dessertwein,
süß, medium oder trocken (Vin Santo)

Die Plätzchen können allein zu einem süßen Dessertwein wie Vin Santo oder zusammen mit den Prato-Keksen gereicht werden.

Die Tradition lebt

Heutzutage kann man auf der Speisekarte eines Restaurants in der Toskana durchaus einen Mailänder Risotto oder ein süditalienisches Pastagericht mit Brokkoli finden. Dennoch hat sich die toskanische Kochkunst mit ihren typischen Geschmacksrichtungen eine unverkennbare Identität bewahrt, die durch die kulinarischen Traditionen der Region und ihr berühmtes Olivenöl geprägt sind. Zudem hat die toskanische Küche manche Gerichte wiederentdeckt, die mit den traditionellen Zutaten bereitet werden: So zum Beispiel Dinkel, ein Getreide, das bei den Etruskern sehr verbreitet war und seit der „Wiederentdeckung" der Dinkelsuppe sehr geschätzt wird; auch Neuheiten wie Dinkel- oder Gerstensalat mit frischem Gemüse tragen dazu bei. Die Küche der Toskana wurde stets von den Gemüsesorten geprägt, die die jeweilige Jahreszeit hervorbrachte. Typisch ist die Verwendung von ganz frischen Produkten. Eine Vielzahl reichhaltiger Suppen und nahrhafter *minestre*, sehr wenig Pasta sowie Bohnen, die häufig dem Reis vorgezogen werden, stellen eine Ernährung dar, die fettarm, maßvoll und gut bekömmlich ist. Übrig behaltene Zutaten werden für andere Gerichte verwendet, um nichts zu vergeuden: *Panzanella* (s. Rezept S. 29), *Pappa al pomodoro* (s. Rezept S. 32) oder *Francesina* (s. Rezept S. 63). Die wenigen Desserts sind einfach: *Castagnaccio* (s. Rezept S. 107) oder *Schiacciata all'uva* (s. Rezept S. 104). Eine Ausnahme ist die *Zuppa ducale*, der „Herzogs-Bissen", den Köche aus Siena zu Ehren des Herzogs von Correggio erdachten (s. Rezept, nächste Seite).

ZUPPA INGLESE
für 8–10 Personen

5 Eigelb

150 g Zucker

40 g Mehl

500 ml Milch

Einige Tropfen Vanille-Essenz

100 g Blockschokolade, geraspelt

125 ml Alchermes-Likör

125 ml Rum

4 EL Wasser

250 g Löffelbiskuits

Schlagsahne

Geraspelte Schokolade zum Verzieren

Eigelb und Zucker schaumig schlagen, das Mehl unterrühren. Die Milch mit der Vanille-Essenz stark erhitzen, aber nicht zum Kochen bringen. • Die Milch zu den geschlagenen Eiern gießen. In einem Topf 7–8 Minuten schwach erhitzen, dabei ständig rühren, damit sich keine Klümpchen bilden. • Die Hälfte der Eiercreme in eine Schüssel füllen und so mit Folie abdecken, dass diese die Oberfläche berührt und sich keine Haut bilden kann.

Die Schokolade in einem Topf schmelzen. • Die restliche Eiercreme wieder erhitzen und die geschmolzene Schokolade unterrühren. Unter ständigem Rühren 2 Minuten erhitzen. • Die Schokoladencreme in eine Schale gießen und mit Folie so bedecken, dass die Oberfläche berührt wird, damit sich keine Haut bildet. • Die Cremes auskühlen lassen. • In einer Schale Alchermes, Rum und Wasser verrühren.

Die Löffelbiskuits in das Wasser-Likör-Gemisch tauchen. Mit einem Drittel davon eine Glasschale oder Soufflé-Form (etwa 2 l) auslegen.

Schokoladencreme darüber verteilen, eine Schicht Löffelbiskuits darüber legen und mit der anderen Creme bestreichen. • Die letzte Schicht bilden die restlichen Kekse. Mit Folie abdecken und für 12 Stunden in den Kühlschrank stellen. • Vor dem Servieren mit Schlagsahne und mit geraspelter Schokolade nach Belieben verzieren.

„Zuppa ducale" wurde später zu der berühmten „Zuppa inglese". Der Besitzer des historischen Cafés Doney (das schon lange geschlossen ist) nannte sie so, denn bei den ersten Mitgliedern der englischen Kommune, die es in Florenz über zweihundert Jahre lang gab, erfreute sie sich großer Beliebtheit. In der Toskana ist dieses sehr kalorienreiche, mit Unmengen von Eiercreme und Schokolade zubereitete Biskuitgebäck tiefrot mariniert. Hierfür ist Koschenillefarbstoff (den man aus Koschenilleschildläusen gewinnt) im Alchermes-Likör verantwortlich. In diesem berüchtigten Likör mit aphrodisischer Wirkung, den die Mönche im Kloster St. Markus herstellen, werden die Löffelbiskuits getaucht.

Cenci

Frittierte Karneval-Kekse

Für 4 Personen
Vorbereitungszeit: 45 Minuten
Garzeit: 20 Minuten
Schwierigkeitsgrad: einfach

250 g Mehl, zusätzlich 50 g Mehl
zum Ausrollen
30 g weiche Butter
2 Eier
50 g Zucker
2 EL Vin Santo oder einen anderen
süßen Dessertwein von guter Qualität
1 Prise Salz
2 EL abgeriebene unbehandelte
Orangenschalen
300 ml natives Olivenöl extra zum
Frittieren
50 g Puderzucker, gesiebt

Empfohlener Wein: ein Dessertwein,
süß, medium oder trocken (Vin Santo)

Das Mehl auf eine Arbeitsfläche sieben und in die Mitte eine Mulde drücken. Butter, Eier, Zucker, Wein, Salz und die abgeriebenen Orangenschalen hineingeben. Nach und nach mit dem Mehl vom Rand zu einem Teig verarbeiten und kräftig durchkneten. • Der Teig sollte weich sein, aber nicht auseinander fallen. • Mit einem sauberen Küchentuch bedecken und 30 Minuten ruhen lassen. • Mit einem leicht bemehlten Nudelholz dünn ausrollen. • In Rhomben, Rechtecke und breite, rechteckige Streifen, die sich zu einem losen Knoten binden lassen, schneiden. • Das Öl in einer Pfanne stark erhitzen. Einige Teigstücke hineingeben und sie von beiden Seiten goldgelb frittieren. • Mit dem Schaumlöffel herausnehmen, auf Küchentüchern abtropfen lassen. Mit den restlichen Stücken ebenso verfahren, mit Puderzucker bestreuen und sofort servieren.

Cenci („Lumpen") werden traditionell
im Karneval gegessen, bis die Fastenzeit
vor Ostern beginnt. Früher nahm man
zum Ausbacken Schweinefett.

Panforte

Nuss-Früchte-Kuchen aus Siena

Für 6 Personen
Vorbereitungszeit: 30 Minuten
Backzeit: 40 Minuten
Schwierigkeitsgrad: relativ einfach

250 g ganze Mandeln, geschält
150 g Walnüsse
100 g kleine weiche Feigen,
getrocknet, vom harten Stielende
befreit und fein gehackt
300 g gemischte kandierte Früchte
(am besten von Orange, Zitrone,
Melone), fein gehackt
20 g gemahlene Gewürzmischung
(Zimt, Nelken, Koriander, weißer
Pfeffer und Muskat)
50 g ungesüßtes Kakaopulver
155 g Puderzucker, zusätzlicher
Puderzucker zum Bestäuben
100 g flüssiger Honig
1 EL Butter zum Fetten der Form
Oblaten oder Reispapier zum Auslegen
der Form

Empfohlener Wein: ein Dessertwein,
süß, medium oder trocken (Vin Santo)

Mandeln und Walnüsse auf einem Backblech verteilen und 3–4 Minuten bei 200 °C (Umluft 180 °C) rösten. Etwas abkühlen lassen und sehr fein hacken (gemahlene Mandeln verleihen dem Teig nicht die gleiche Beschaffenheit). Nüsse und Mandeln in einer großen Schüssel mit den gehackten Feigen, den kandierten Früchten, den Gewürzen und dem Kakaopulver vermischen. • Beiseite stellen. In einem Topf oder im Wasserbad den Zucker im Honig auflösen. Nach 8 Minuten testen, ob der Honig fadenförmig von einem Löffel abläuft. Falls nicht, noch einige Minuten weiter erwärmen. • Vom Herd nehmen. Das Mehl und die Nuss-Früchte-Mischung unter den Honig rühren. Eine Springform einfetten, mit Oblaten oder Reispapier auslegen und die Honigmischung hineinfüllen. Die Oberfläche glatt streichen und mit Oblaten oder Reispapier bedecken. • Im vorgeheizten Backofen 40 Minuten bei 180 °C (Umluft 180 °C) backen. Auskühlen lassen, mit Zucker bestäuben und auf eine Servierplatte geben.

In Folie gewickelt, hält sich
Panforte monatelang.

Ricciarelli
Petits fours aus Marzipan

Für 4–6 Personen
Vorbereitungszeit: 25 Minuten +
10 Stunden, um den Teig ruhen
zu lassen
Backzeit: 1 Stunde
Schwierigkeitsgrad: relativ einfach

250 g ganze Mandeln, geschält
200 g extra feiner Zucker
150 g Puderzucker, zusätzlich
Puderzucker zum Bestäuben
40 g Orangeat, fein gehackt
Einige Tropfen Mandelessenz
1 Eiweiß, steif geschlagen
Oblaten oder Reispapier

Empfohlener Wein: ein Dessertwein,
süß, medium oder trocken (Vin Santo)

Die Mandeln auf einem Backblech verteilen und im vorgeheizten Backofen 3–4 Minuten bei 200 °C (Umluft 180 °C) rösten. Leicht abkühlen lassen, im Mörser zerreiben und in eine Rührschüssel geben. • Mit Zucker, Puderzucker, Orangeat und Mandelessenz vermischen und das Eiweiß unterheben. • Die Mischung zu Rauten oder Quadraten formen und auf die Oblaten (oder das Reispapier) setzen, überstehende Oblatenränder abschneiden. Auf Backblechen verteilen und an einem kühlen Ort 10 Stunden ruhen lassen. • Im vorgeheizten Backofen 1 Stunde bei 150 °C (Umluft 180 °C) backen. Sobald das Gebäck zu bräunen beginnt, die Hitze reduzieren. Das Gebäck sollte eine eher weiche Konsistenz haben. • Aus dem Backofen nehmen und mit Puderzucker bestäuben. • Vor dem Servieren auskühlen lassen.

Die Ricciarelli halten sich zwar einige Tage, schmecken aber frisch am besten.

Cavallucci
Gewürzplätzchen aus Siena

Zucker und Honig im Wasserbad erhitzen. Sobald der Honig von einem Löffel fadenförmig abläuft, die Mischung aus dem Wasserbad nehmen und Mehl, Walnüsse, Orangeat, Zitronat, Anis und Koriander vorsichtig unterrühren. • Die Hände mit Mehl bestäuben und die Honigmischung portionsweise zu kleinen Rollen formen. Die Rollen in 2,5 cm dicke Scheiben schneiden und diese zu Halbmonden formen. • Ein Backblech einfetten und mit Mehl bestäuben Die Plätzchen darauf verteilen und im vorgeheizten Backofen 1 Stunde bei 160 °C (Umluft 140 °C) backen.

Für 6 Personen
Vorbereitungszeit: 20 Minuten
Backzeit: 1 Stunde
Schwierigkeitsgrad: relativ einfach

250 g Zucker
100 g flüssiger Honig
350 g Mehl, zusätzlich 40 g Mehl
50 g Walnüsse, gehackt
50 g Orangeat und Zitronat, fein gehackt
1 TL frisch gemahlener Anissamen
1 TL frisch gemahlene Korianderkörner
1 EL Butter für das Backblech

Empfohlener Wein: ein Dessertwein, süß, medium oder trocken (Vin Santo)

In einem gut verschlossenen Behälter bleiben Cavallucci mehrere Tage frisch und knusprig.

Ein paar kleine Tipps für alle, die die Region selbst erforschen möchten:

ZUM WOHNEN:

Fattoria Casa Sola
Cortine
50021 Barberino Val d'Elsa
Tel: 0039 - 055 - 807 50 28
Fax: 039 - 055 - 805 91 94
Hübsche Appartments für 2-8 Personen, auch für den kleineren Geldbeutel

Hotel Salivolpi
Via Fiorentina, 13
53011 Castellina in Chianti
Tel: 0039 - 0577 - 74 04 84
Fax: 0039 - 0577 - 74 09 08
Viel Komfort, schöne Lage, interessante Preise

Relais Borgo San Felice
Località San Felice
53019 Castelnuovo Berardenga
Tel: 0039 - 0577 - 35 92 60
Fax: 0039 - 0577 - 35 90 89
Restauriertes mittelalterliches Dorf mit Hotel und Weingut

RESTAURANTS:

Badia a Coltibuona
53013 Gaiole in Chianti
Tel: 0039 - 0577 - 749031
Weingut, Geschäft für lokale Erzeugnisse und gutes Restaurant in einem

Baldini
Via il Prato, 96r
50122 Florenz
Tel: 0039 - 055 - 287663
Für eine wunderbare Bistecca alla fiorentina!

Gambero rosso
Piazza della Vittoria 72
57027 San Vincenzo (Prov. di Livorno)
Tel: 0039 - 0565 - 701021
Fische und Meeresfrüchte

WEIN:

Enoteca del Chianti Classico Gallo Nero
Piazzetta Santa Croce, 8
50122 Florenz
Tel: 0039 - 055 - 85 32 97
Riesige Weinauswahl

La Bottega del Vino
Via della Rocca, 13
53011 Castellina in Chianti
Tel: 0039 - 0577 - 74 11 10
Alle wichtigen Weine des Chianti

Fattoria dei Barbi
Località Podernovi
53024 Montalcino
Tel: 0039 - 0577 - 84 82 77
Edler Brunello und Brusco dei Barbi und ein schönes kleines Restaurant

GESCHÄFTE FÜR LOKALE PRODUKTE:

Fattoria di Forci
Località Forci (Prov. di Lucca)
Tel: 0039 - 0583 - 34 90 07
Verkauf von gutseigenem Wein, Olivenöl und Honig

Caseificio Cugusi
Via La Boccia, 9
53045 Montepulciano
Tel: 0039 - 0578 - 75 75 58
Große Auswahl an exzellentem Pecorino

Fabiano Guidotti
Locàlita Segromognio in Monte
(Prov. Di Lucca)
Tel: 0039 - 0583 - 97 29 11
Wilder Luccheser Honig